—— 作者 ——

基思·格林特

英国华威大学公共领导学教授。曾任教于克兰菲尔德大学和兰开斯特大学，并担任兰开斯特领导力研究中心主任。英国国家政府学院桑尼戴尔研究院研究员。著有《领导力艺术》(2001)、《领导力：限制与可能》(2005)、《领导力、管理和命令：重思诺曼底登陆》(2008) 等书。

A VERY SHORT
INTRODUCTION

LEADERSHIP
领导力

[英国] 基思·格林特 著
马睿 译

译林出版社

图书在版编目（CIP）数据

领导力／（英）基思·格林特（Keith Grint）著；马睿译．
—南京：译林出版社，2024.1(2024.10 重印)
（译林通识课）
书名原文：Leadership: A Very Short Introduction
ISBN 978-7-5447-6461-2

Ⅰ.①领…　Ⅱ.①基…　②马…　Ⅲ.　①领导学　Ⅳ.①C933

中国国家版本馆CIP数据核字（2023）第233410号

著作权合同登记号　图字：10-2023-426号

领导力　[英国] 基思·格林特／著　马　睿／译

责任编辑　徐琼玉
装帧设计　孙逸桐
校　　对　施雨嘉
责任印制　董　虎

原文出版　Oxford University Press, 2010
出版发行　译林出版社
地　　址　南京市湖南路1号A楼
邮　　箱　yilin@yilin.com
网　　址　www.yilin.com
市场热线　025-86633278
排　　版　南京展望文化发展有限公司
印　　刷　南京新世纪印务联盟有限公司
开　　本　850毫米×1168毫米　1/32
印　　张　5.5
插　　页　4
版　　次　2024年1月第1版
印　　次　2024年10月第2次印刷
书　　号　ISBN 978-7-5447-6461-2
定　　价　59.00元

序　言

王　辉

有关领导力的书籍已经出版很多了，尤其是从国外翻译过来的有关领导力的著述更多。那么，基思·格林特这本《领导力》有什么特色，或者为什么要出版呢？基思·格林特先生是英国华威大学（University of Warwick）领导力研究领域的教授，在这一领域进行了多年深入且扎实的研究，著述颇丰。他不仅在牛津大学赛德商学院担任研究员，还是英国社会科学院的院士，由他撰写的关于领导力的书自然是十分专业，又非常权威的。难能可贵的是，这本小书深入浅出、条理清晰，就领导力的最基本问题一一进行了专业而又易读的解答。

整体来看，这本书有三个特点。第一，简洁而系统。这本书的中译本不超过八万字，非常简洁。在这个信息非常容易获得，同时又是信息碎片化的时代，人们似乎很难对一些大部头的书产生兴趣或者读下去的勇气。因此，这本书的短小很容易引起人们的兴趣，使读者能在比较短的时间内很快读完。同时，这本书又不失系统。作者从基于地位、个人、结果和过程的领导力等方面对它的定义进行了系统描述，随后从领导力研究历史的沿革，什么样的人会有领导力，到如何获得领导力等方面都进行了比较详尽的论述。读完之后，会对领导力的概念及其影响因素有一个系统且深入的了解。

本书的第二个特点是它有着不同于同类书籍的内容。例如，作者在第二章详细地描述了“领导力不是什么”，使我们从另外一个视角很好地理解了领导力与管理等方面的不同。又如，作者在第七章中提出了追随者的问题，这也是与以往有关领导力的书籍有所区别的地方。追随者，或有关追随力（followership）的研究是当代领导研究的一个新视角和新课题。前人有关领导力的研究过多地关注了领导应该是什么样的人，领导做什么才能有影响力等方面，然而正如作者所说，“领导力的所谓‘精华’遗漏了追随者，而没有追随者，任何人都不可能成为领导者”。从追随者的角度来研究领导力，会帮助我们对这一概念有一个更加全面的认识。

第三，这本书的作者既有企业管理实践的经验，同时又对领导力的相关文献进行了深入的研究和整理。作者引用大量来自政界、企业界和公共管理领域的真实案例，详细地说明了领导力的概念，以及如何产生领导力、发展领导力等内容，对来自不同领域的读者都会具有一定的参考作用。作者列举的例子不只来自西方，同时也出自中国的古典书籍和传说故事。因此，对于中国的读者会有不同程度的启发和借鉴作用。作为研究型的学者，专著的发表一定要有充分的理论和实证依据，这一点也是我喜欢这部专著的一个原因。作者在最后列出了很多参考文献，为读者就某一部分的内容进行更加详尽的了解提供了指引和参考。

领导力这一概念本身是抗拒解释的，这一点格林特在书中也做出了明确的阐释，并解释到这就是大部分有关领导力的文献仅仅激发出了讨论的热度，却极少迸发出独特洞见的原因。但是在探索为何领导力会如此难以定义上，会衍生出一系列重要的基本问题，格林特在本书中详加探讨的正是这些基本问题。作者作为公共领导力研究领域的权威，对于每一问题，从学术的角度切入，辅以翔实的文献研究，也引用历史上的政治领导、公共管理事件，使得本书不仅专业，可读性也很强。不管是研究领导力的学者还是从事领导实践的管理者，我相信读后都会获得不少启发。同时，本书的译文质量也很不错，语言自然流畅，注释翔实，为本书增色不少，非常值得一读。

目　录

致谢

这本小书是我在过去二十多年里，跟许多朋友、同事和学生进行无数次谈话的集大成。其中，我想感谢以下诸位：约翰·安东纳基斯、约翰·阿特金森、理查德·巴德姆、约翰·贝宁顿、戴维·博尔杰、约翰·布拉顿、史蒂芬·布鲁克斯、艾伦·布里曼、布里吉德·卡罗尔、彼得·卡斯、安迪·科尔曼、戴维·柯林森、里斯·考齐尔、丽贝卡·考克斯、苏·多普森、麦克·唐恩、加雷斯·爱德华兹、保罗·埃利斯、盖尔·费尔赫斯特、扬尼斯·加布里埃尔、阿曼达·贾尔斯、乔纳森·戈斯林、戴维·格兰特、彼得·格雷、麦克·哈珀、琼·哈特利、朱莉娅·霍基、理查德·霍姆斯、克莉·伊万尼斯金、布拉德·杰克逊、基姆·詹姆斯、多丽丝·杰普森、德鲁·琼斯、欧文·琼斯、约翰·尤普、安德鲁·卡卡巴兹、米哈埃拉·凯莱门、南内尔·基奥恩、唐娜·拉德金、博热·拉尔森、吉姆·劳利斯、帕特里克·莱昂纳德、萨拉·刘易斯、詹姆斯·麦克卡尔曼、凯文·莫雷尔、安·墨菲、雅尼娜·纳哈比埃特、德布拉·内尔森、希拉莉·欧文、肯·帕里、爱德华·佩克、吉莉恩·皮尔、莱斯利·普林斯、特拉西·里弗斯、罗宾·赖德、吉姆·斯科尔斯、博厄斯·沙米尔、乔·辛普森、戴维·西姆斯、阿曼达·辛克莱尔、乔治娅·索伦森、吉莉恩·斯坦普、马克·斯泰恩、约翰·斯托里、斯特凡·斯韦宁松、马克·汤普森、丹尼斯·图里什、欧文·图尔比特、琳达·苏·沃纳、霍利·惠勒、马丁·伍德、斯蒂夫·伍尔格和马歇尔·扬。我还想感谢那些没有署名的审稿人，特别是最终审稿人。最后，我工作和生活中除此之外的一切，都要感谢我的家人：亚当、贝基、凯蒂、克里斯、丽贝卡、里奇，当然还有桑德拉。

第一章

领导力是什么?

引　言

领导力是什么？这么说吧，在对领导力苦思冥想了近3 000年，又潜心“钻研”了一个多世纪之后，我们似乎还远未就其基本含义达成共识，遑论其可否传授，抑或其效果能否衡量和预测。之所以如此，不可能是因为缺乏兴趣或资料：2003年10月29日这一天，在英国亚马逊网上出售的“领导力”相关书籍就多达14 139种。短短六年后，该数字又增加了将近三倍，达到53 121种——清楚地表明在未来很短时间内，有关领导力的书籍种数将超过阅读它们的人数。你多半会觉得信息增加必然意味着理解深化，这是人之常情。然而很遗憾，与我们开始出版这么多资料之前相比，如今人们对于何为领导力的理解更是差之千里，看似与其定义的“真知”渐行渐远。此言不虚，图1就展示了我本人研读过的相关文献。我在1986年前后开始阅读领导力文献时，就已经在不同的领导岗位上工作过一段时间了，所以那时我虽然所读甚少，但已经从生活这所大学中学到了关于该主题的一切。后来我读的资料越来越多，才意识到自己此前所知的“真理”全都是

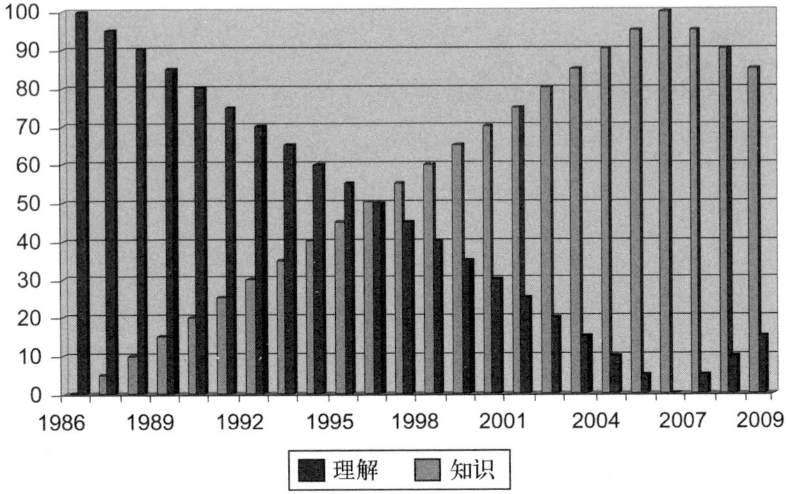

图1　领导力：知识与理解

沙上筑塔，因此随着知识的增加，我的理解反而退化了。2006年最是艰难，我阅读了数百部乃至上千部著述，最终却证明了苏格拉底的说法——智慧的唯一源泉，乃是体味到自己的无知。我觉得我目前正在逐渐恢复，总算扎实地确定了这样一个结论：在其最根本的意义上，作为个体领导者，领导力的所谓"精华"遗漏了追随者，而没有追随者，任何人都不可能成为领导者。的确，不妨将此作为领导力的最简单的定义："有人追随。"

那么我们当如何考察这一课题呢？为领导力下定义之所以重要，不光是要在文字游戏中为它界定一个空间，也不仅仅是一个诡辩游戏；确实，我们不需要就定义达成共识（虽然各个组织内部或许应该如此），但我们至少应该能够理解彼此的立场，以便在论战中知己知彼。毕竟，如何定义领导力，对于组织的运作或者不运作的方式及其奖惩对象，都有着至关重要的意义。逾50年前，W. B. 加利[1]称权力是一个“本质上存在争议的概念”。加利指出，许多概念，例如权力，都存在“使用者应如何正确使用它们的无穷争议”，以至于争议似乎无法解决。例如，要讨论布什或布莱尔是不是“好的”领导者，恐怕众说纷纭，难以定夺，由于辩论各方对于何为“好的”领导者的定义不同，达成共识的希望极其渺茫。

所以我们无须就定义达成一致，但需要知道那些定义各是什么。首先不妨考察一下最流行的书籍中关于此事有何说法。许多这类书籍都建立在自传或传记类叙述的基础上，这样就把领导力和被视为领导者的**个人**关联起来。还有些将领导力定义为一个**过程**——或许是领导者所采纳的风格，或许是“意义建构”之类的过程（韦克[2]的说法，即“使未被充分理解且相互矛盾的信息变得合理的过程”），又或者是领导者的具体实践。有些在定义领导力时只考察有权之人的所作所为——一种从**地位**角度切入的方法。其定义往往与权力的定义密不可分，汲取了韦伯和达尔[3]的原创思想，即权力（因而领导力也是如此）是迫使他人违背自身意愿做某事的能力。这一视角往往将领导力锁定为动员某个群体或社会共同实现某种目的——是一种从**结果**角度切入的

---

① 沃尔特·布赖斯·加利（1912—1998），苏格兰社会理论家、政治理论家、哲学家。——译者注（除特别说明外，本书脚注均为译者所加）

② 卡尔·爱德华·韦克（1936— ），美国组织理论家，以在组织研究中引入了“松散的联合”、“内观”和“意义建构”等概念而得名。他是密歇根大学罗斯商学院的伦西斯·利克特讲席资深教授。

③ 罗伯特·达尔（1915—2014），美国政治学家，当代政治学巨擘，民主理论大师。

方法。本书后文中还会谈到这些方法中的某一些，但除了标示这些定义的不同属性之外，它们非但未能拨云见日，反令我们如堕雾里。看来对领导力的定义的确见仁见智，且即便这些定义有相似之处，却也过于复杂，让大多数试图解释何以存在差别的人无从下手。不过分歧似乎是围绕着四个争议领域展开的，它们分别将领导力定义为**地位**、**个人**、**结果**和**过程**。

这一四重分类法并未声称自己无所不包，不过它应该囊括了我们对领导力的大部分定义。此外，这一分类法也没有高下之分：它并未声称某一个定义比另一个更重要，而且与共识视角相反，它赖以建构的基础是**可以**互不相容的。事实上，我们或许不得不选定当前讨论的是哪一种领导力形式，而不是试图无视差异的存在。不过，领导力的经验实例很有可能会包含上述四种形式的元素。如此一来，我们就有了四个主要选项：

- 将领导力定义为**地位**："领导者"所处的**位置**使之成为领导者?
- 将领导力定义为**个人**："领导者"拥有的**个性**使之成为领导者?
- 将领导力定义为**结果**："领导者"实现的**成就**使之成为领导者?
- 将领导力定义为**过程**："领导者"行事的**方式**使之成为领导者?

所有这些都是“理想型”，根据韦伯的主张，“真实的”实证案例或许根本不会以任何纯粹的形式存在，但这确实帮我们更好地理解了领导力这一现象，以及与之相伴的千头万绪、盘根错节——因为对不同的人来说，领导力的意义截然不同。因此，这是一个探索模式，是为世界建构意义的注重实效的尝试，而非试图将世界划分成多个“客观”的片段，让它们分别映射我们所认定的现实。在考察了上述四种不同的领导力研究视角之后，我会指出，正因为存在这些差异，人们迄今很难就领导力的定义达成一致意见，也正是因为这些差异，这一模式对领导力的执行和分析至关重要。

定义领导力

基于地位的领导力

传统观念认为，领导力与组织中的某一个空间位置有关——有些是正式的，有些是非正式的。因此，我们可以把领导力定义为处在某个垂直——通常是正式的——等级结构中，某一地位的人所从事的活动，该地位给予他们领导他人所需的资源。这些人“居于我们之上”、“高人一等”，是“上级”，等等。事实上，他们显示出我们所谓“主管领导”的特质。我们通常就是这样看待垂直等级结构中的首脑的，不管是CEO（首席执行官），还是军事将领，还是校长或其同类。这些人领导的方式是通过自己的地位对庞大的下级网络实施管控，任何必要的变革往往都是顶层驱动的。该“驱动力”的存在还暗示着组织运作的机制假设，以及主管们所拥有的强制力量：将军可以下令行刑，法官可以监禁他人，CEO可以处罚乃至解雇员工，如此等等。

这一垂直架构的一个相关方面是表面看来平行的权力和责任架构。既然领导者是“主管”，那么按道理，他或她能够确保自己的意愿得以执行。但虽说正式的领导者可以**命令**下级服从——且通常之所以能够如此，原因之一就是资源的不平衡——这种服从却从来不是铁板钉钉的。事实上，可以说权力本身就涵盖一种与事实相悖的可能性，是一个虚拟动词语态而不仅仅是动词——它可能会走向反面。的确，完全可以说，权力与其说是造成服从行为的原因，不如说是它的结果：当且仅当下属服从领导者的命令时，领导者才是有权力的。如若不然，我们就无法解释哗变——只有当下属有能力说“不”，也有勇气承担后果时，这种军事等级结构中的反抗行为才有可能发生。

当我们进而考察带头领导时，这种将领导力限定为垂直等级结构内部某一地位的做法也会暴露出其局限性，带头领导是一种水平视角，其领导力在很大程度上与垂直等级无关，而通常是通过某个网络或某种动态分层结构（灵活而流动的等级结构）形成的非正式体系。“带头”领导可能表现为好几种形式，其与主管领导的结合点可能出现在某个等级结构底端的次末级。例如，在军队中，这样的领导可能出现在下士一级，他们有一定程度的正式权限，但可以通过身先士卒的方式来确保自己在普通士兵（他们的追随者）中的地位。的确，对军队的成功而言，基层领导的领导能力可能非常关键。这么说吧，有句老话说军士是“军队的中流砥柱”，还是很有道理的。

不过更常见的情况是，我们会通过某个时尚先锋——这是走在追随者“前头”的人，无论是服装、音乐、文化、商业模式，还是别的什么时尚——来考察带头领导。这些领导者在不拥有任何正式权限的情况下，为大批时尚追随者引领潮流。但带头领导也包括指点迷津之人，既有为人带路的专业向导，也有在某次周日漫步中，知道如何通过最佳路线带领一群朋友到达某个共同目的地的随便什么人。两种指路人都通过在前方带路的角色而展示了领导力，但两者都未必是某个正式等级结构中的正规设置。为解释这一方面的含义，我们甚至可以追溯到英语中“leadership”一词的词源。英语中“leadership”一词最初的几个词源分别是古德语“*Lidan*”，意为“走”；古英语“*Lithan*”，意为旅行；以及古挪威语“*Leid*”，意为寻找航海路线。

带头领导的另一层意义，是将某个原本被禁止的行为合法化。例如，不妨考察一下希特勒公然公开的反犹主义言行如何让追随者们的反犹主义宣言变得正当合法了。此外已经有人指出，诸如自杀之类的做法或涂鸦之类的反社会行为，因为“带头领导”的“许可”而令其他人争相效法，因此这类行为往往会快速泛滥，社会行为近乎变成了某种瘟疫。

如此说来，这一地位层面的领导力会因其正式或非正式架构的程度，以及垂直或水平构成的方式而异。主管领导暗指资源和权限在某种程度上被集中起来，而在某些情况下，带头领导或许暗指更接近于没有权限的领导。然而这是否表明，相对于领导者所处的地位而言，领导者的性格与领导力并没有那么息息相关呢？

基于个人的领导力

是不是你的个性决定了你能否成为一个领导者？当然，这呼应了传统的特质观念：某领导者的性格或特性。作为这一观念的最佳范例，不妨想想那些人格力量超凡、追随者完全是因为其个人“魅力”而不离不弃的领袖们。讽刺的是，虽然我们付出了极大努力来将理想的领导者简化为他或她的基本特性，诸如该领袖的基本性格特征、能力或行为，但简化本身同时也贬低了其价值。这个过程很像是一位研究领导力的科学家变成了厨子，忙着把某一位著名领导者的基本特性放在平底锅上煎炒烹炸，从而把该领导者简化为一串基本特性。最后再把烹饪过程剩下的残余物取样分析，把具体的物质分解成不同的化合物。然而悖论是，虽说某些化学残余确有此效力（比方说，人们往往认为海洛因是把他人“带入”歧途的罪魁祸首），对“领导力是什么”的问题却未予解释，因为脱离了追随者或具体背景来分析领导者不啻是缘木求鱼。

另一个互补或相反的论点是将领导力大致定义为集体的而非个体的现象。根据这一观点，关注点通常会从某一个体正式领导者转向多位非正式的领导者。比方说，不妨考察一下组织事实上是如何取得成就的，而不是过于关注CEO说组织应该取得怎样的成就。这样一来，我们就能追踪非正式的意见领袖所发挥的作用，看他们如何说服同事们求同存异、大干快上或消极怠工，诸如此类。本书第七章会回过头来考察这个问题。

无论如何，以这一标准界定的领导力基本上是根据哪一个或哪一些人是（正式和非正式的）领导者来定义的，这样一种观点或许与领导者及其追随者之间，或各个领导者之间的情感关系有关。最为极端的情况是，这种情感关系会让“人群”中的追随者们无法鉴别正义与邪恶的行为。

虽说西方人总是迷信英雄主义个人，将其视为领导偶像，我们却完全不清楚这样的例子能否脱离社会单独存在。例如，牛顿或许可以声称自己“领导了”万有引力的发现，但事实上那是牛顿与罗伯特·胡克[①]和埃德蒙·哈雷[②]共同努力的结果。或许还应在这里对作为手段和作为目的的领导力加以区分。举例来说，流水线是工人们被“领导”进行劳动的**手段**，但最终的**目的**并非由机器发起，而是由存在但隐形的领导者（们）建构的。那么，领导力的目的——结果——到底有多重要呢？

基于结果的领导力

基于结果来考察领导力或许更合适一些，因为没有结果——领导力的目的——便没有多少支持性证据。“有潜力”成为伟大领导者的人或许成千上万，但如果没有机会发挥潜力，如果该领

① 罗伯特·胡克（1635—1703），英国博物学家、发明家。他提出了描述材料弹性的基本定律——胡克定律，且提出了万有引力的平方反比关系。

② 埃德蒙·哈雷（1656—1742），英国天文学家、地理学家、数学家、气象学家和物理学家，曾计算出哈雷彗星的公转轨道。

导力没有产生直接的成果，那么逻辑上就很难称这些人为“领导者”，除非是在谈及“失败的”或“理论上的”领导者——也就是事实上没有多大成就的人。另一方面，有一种倾向认为，结果既是领导力的首要标准，也应该归功于领导者：例如，既然公司利润增加了200%——这是公司的首要目的——我们就应该对领导者给予适当的奖励。但这里还有另外两个问题需要深入考察。第一，我们为什么、又如何能把一个组织的集体成果归功于个体领导者的行为？第二，假设我们可以通过因果关系把二者联系在一起，为实现那些成果所使用的方法能否在任何程度上决定领导力的存在？

第一个问题，即把成果的源头追溯至个体领导者的行为，存在巨大争议。一方面，好几个从心理学出发的领导力研究表明，领导者所起的作用是可以衡量的，但更倾向于社会学的作者往往会否定这类衡量方法的有效性。因此我们或许有明显的成功或失败的证据，也知道当时的领导者是谁，却很少能断然声称该领导者的行为直接导致了这样的结果（见罗森茨魏希关于该问题的研究，列于扩展阅读部分）。更为常见的情况是，还有大量的人和过程横亘于领导者与最终结果之间。那么你或许会问，为什么我们在追责时一般都会把目标锁定在领导者身上呢？法国社会学家埃米尔·涂尔干在19世纪末20世纪初写道，追随者们事实上希望其领导者像神一样行使权力。这给了追随者两个各自独立但彼此相关的好处：第一，所有艰难决策的责任都可以落在领导者肩上（这也就能够解释为什么领导者与追随者得到的奖励存在巨大差异了）；第二，当（事实发生而非假设）该领导者失败了，追随者们可以让他或她做替罪羊，为自己洗脱责任。反对基于结果的领导力，特别是反对“伟人”领导的结果的最极端例子，出现在托尔斯泰的《战争与和平》中，他把领导者比作行船划开的船头波——总是出现在船的前方，理论上引导着船的前进，但事实上它并没有引导，而只是受到了船（组织）本身的推动而已。

这又把我们引向了基于结果的领导力的第二个核心问题——实现结果所历经的过程有无任何实际作用？毫无疑问，办公室或学校里的霸凌者如果能成功地“怂恿”追随者们慑于惩罚的威胁而服从其命令，那么根据基于结果的标准，此人就是一个领导者——前提是其强迫行为必须成功有效。然而这样一个基于结果的研究领导力的方法就和某些观点产生了直接的矛盾，后者认为领导者之所以与众不同，依据就是领导力——据称是非强迫性的——与我们认定为“霸凌”或“专横”等等的所有其他活动形式之间，存在着某种推定的差异。领导力的大多数方面的确使用了可能被某些人，特别是服从之人认定为强迫性的动员策略。因此宗教领袖或许认为他或她的行为只不过是在向追随者揭示真理——追随者可以自愿选择是否听信。然而如果追随者坚信不遵守那些宗教信条就会让他们永堕地狱之火而万劫不复，那么他们或许会认为这也是强迫性的。同样，雇主可能也并不觉得雇佣合同是强迫性的，因为双方都是自愿签订合同，但如果雇员觉得未能按照要求的水平完成工作就会导致其被“炒鱿鱼”——与之相伴，还要备受羞辱、歧视和贫穷之苦——那么他或她也可能认定该合同是强迫性的。纵然如此，对于那些认为领导力首先是目的性的、应专注于结果的人来说，实现这些结果的过程，甚或领导者是否应对这些结果负责，可能都无关紧要了。

当然，基于结果的领导力未必局限于专制独裁或无良邪恶的领导者；相反，那些极为现实的、或许显然没有什么领袖魅力，但做事效率极高之人也会显示出这一特征。他们所做的大量工作往往得不到多少关注，但对组织的运转至关重要，这种形式的领导力可能会吸引追随者的兴趣，但不会与后者建立情感关系。

就这一点而言，一个特别有说服力的例子是本杰明·富兰克林，他早期的成功似乎并非因为明确宣讲了某个令人振奋的远景目标，他也没有激发起追随者的情绪，让他们超越个人利益为大众谋福利。相反，富兰克林的实用主义领导力根植于他总是能够为悬而未决的问题找到现实的解决方案，从而吸引了他人的兴趣而非激发了他们的情感。然而那些被富兰克林动员起来的人并非像某些领导力交易理论所理解的那样，只是跟他做了一笔交易。原因在于，举例来说，在鼓动费城建立警察局、开设医院、发行纸币、铺设人行道、发展照明和设置志愿消防部门等等的过程中，富兰克林的领导技能体现在说服同事们解决他们自己面对的现实问题上。这里很重要的一点是，富兰克林有没有显示出领导力，因为虽然结果很明显，确保那些结果实现的那只手却是看不见的。事实上，如果富兰克林在事业开展不久便英年早逝了，那么大部分这类不公开的联系活动可能根本不会公之于世，人们也就不会认为他是个伟大的领导者。

因此，基于结果的领导力既可以体现在领袖魅力极为突出的个人身上，也可以体现在几乎完全隐形的“社会工程师”身上；此外，它还体现在各种方法上，既包括实现的目标、获取的成果所指的“我们取得了哪些成就”，也包括“我们来这里做什么”这样一种关注目的或身份的哲学，后文还会谈到这种哲学。不过正如上文所指出的，并非每个人都认为最重要的是结果而非方法；那么，关注领导力得以体现的过程能否提供一个全然不同的视角呢？

基于过程的领导力

有一种假说认为，我们为之贴上“领导者”标签的那些人跟非领导者的行事风格全然不同——有些人“做事有领导风范”——但这是什么意思呢？它可能是说当时的背景至关重要，也可能是说领导者必须做出表率，或者这一差异属性在个体生活的早期阶段就已初露端倪，所以我们才会在学校的操场或运动场上看到有些孩子是“天生”的领导者。然而这一“过程”差异到底是什么呢？领导者就是据称能避免任何虚伪之嫌，做出我们所需要的表率的人吗？当有必要做出牺牲，或者追随者又要求新的行为模式时，作为众人表率的领导者是不是最成功的？

或许如此，但考虑一下与这一理想型相悖的两个反例。第一个是，不管能否做出表率，军士长往往都有追随者。我们或许可以争辩说那些在练兵场上对士兵大吼大叫以势压人的军士长并非“真正的”领导者，但如果他们的领导过程确实培养了训练有素的士兵，我们能否据此推论说，因为军队是建立在强迫机制之上的，那里不可能展现出领导力？抑或所谓的合理领导过程取决于局部文化？也就是说，士兵本该被强迫，他们很可能不会认可其军士长或军官们通过“领导力”这样的平等主义辩论而达成共识的尝试？

第二个反例是海军上将纳尔逊[①]，此人在军事上的丰功伟绩几乎永远建立在悖论情境之中，即他要求下属绝对服从海军的规章制度，但他本人却违反了同一规章制度中的几乎每一项条款。然而纳尔逊的成功并非只是因为他屡犯军规，还因为他吸引并动员了追随者，尤其是他战舰上的那些下属军官们，也就是他的“兄弟连”。因此在某一层面上，这一过程方法或许能够囊括为动员追随者所使用的具体技能和资源：雄辩强据、施展威风、拉拢贿赂、身先士卒、骁勇善战，如此等等。在这一外表掩盖下的领导力必然是一个关系概念而非占有概念。换句话说，如果下属拒不服从，你是否觉得自己拥有高超的过程技巧就无关紧要了。这么说来，我们或许可以通过区分领导者和追随者的行为过程来识别领导力，但这并不意味着只需罗列出那些放之四海而皆准的过程就万事大吉。毕竟，不能指望一位公元2世纪的罗马领导者跟公元21世纪的意大利政治家的行事作风完全一致（虽然这也不无可能），不过说到底，我们关于领导力的大部分假设仍然跟我们自己而非他人的文化语境有关——情况之复杂，无异于打开了潘多拉的盒子，根本无法在这样一部通识读物中充分展开（见楚卡尔等，

① 霍雷肖·纳尔逊（1758—1805），英国18世纪末19世纪初的著名海军将领及军事家。

列于扩展阅读部分）。

诚然，关于领导力过程的很多论述或许都围绕着“伟人”的行为展开，但长期以来，关于男人和女人的领导风格是否相同，或者他们的领导方式是否受到了各自性别的基因和文化影响，一直是个很大的争议焦点。虽然托马斯·卡莱尔笔下英雄主义的“男人”们**解决**了其追随者的问题（见第三和第四章），但可能与领导力真正相关的，还是让追随者勇敢地承担起自己的责任。的确，对大多数人而言领导力或许跟任何形式的英雄主义没有多大关系，而更是“平凡”得多的日常实践的结果，人们通过这些实践来建立和强化社会关系并进而建立和强化社会资本，不过“平凡”这一标签低估了行使这些微妙行为所需的技能和精度，因为它们都是一丝不苟地精心架构的。确实，在我们中间那些无法复制这类行为的人看来，它们似乎更像是魔术师秘而不宣的技巧——看似简单，却无法解释。因此，建立起组织运行所需的网络的人，正是那些勤勉的领导者，他们会隔三岔五地关怀追随者家人的健康状况，会始终强调追随者要跟上组织的发展方向和他们的工作进度，等等。

于是，你在自己的简历中打钩标记出来多少种领导能力，并不能证明你是个成功的领导者，因为这些必然都是脱离情境脉络的。打个比方，如果在你要施展领导力的地方不需要任何公开演讲职能，那么你有再高超的公开演讲水平，又有什么用呢？如此说来，从本质上说，胜任素质往往与个体有关——而领导力必然是一种关系现象：没有追随者，就没有领导者，不管你拥有多少“个人”胜任素质。相反，不妨考察一下领导力“实践”的重要性——不是领导者“拥有”什么，而是他们“做了”什么。然而领导者是否也会参与那些不被视为领导力的活动呢？下一章我们就来探讨这个问题。

第二章

领导力不是什么？

正如第一章中所指出的，我们对领导力的定义很可能迥然不同，那么又该如何区分领导与管理？本章提出了一个区分的方法。领导力研究领域的大量著述都建立在这样一个分类方法上，即以权限也就是合法权力的不同形式来区分领导与管理，认为领导往往涉及的时间较长，代表更为战略性的视角，并要求解决新问题。换句话说，其区分在一定程度上根源于情境：管理相当于似曾相识（以前见过），而领导相当于初次邂逅（从未遇见）。如果可以这样区分，那么管理者就必须启动必要的程序——标准作业程序——来解决上一次出现过并已有经验解决的问题。相反，领导者就必须促成相关各方为前所未见或难以对付的问题制定一个创新的应对方式。

既然管理和领导是两种不同的授权方式，根源于确定性和不确定性之间的差异，那么也可以把它们与里特尔和韦伯[①]关于“易解”和“抗解”问题的分类法联系起来。易解问题可能很复杂，但它们可以通过单线行为得以解决，且有可能曾经出现过。换句话

① 指霍斯特·里特尔（1930—1990）和梅尔文·韦伯（1920—2006）。前者是一位设计理论家和大学教授，因发明了“抗解问题”一词而闻名。后者是一位城市设计师和理论家，1973年与里特尔合撰了关于“抗解问题”的学术论文。所谓“抗解问题”，即不存在直接运用科学理性得出的现成解决方案的问题。

说，其不确定性的程度有限，因此与管理有关。易解问题有点像谜语——每个谜语都必有答案。因此，（科学）管理者的职责，就是提出适当的过程来解决问题。具体实例包括制定铁路时刻表、建立核电站、实施军训或计划心脏手术等。

抗解问题不但难以理解，而且纷繁芜杂，也就是说，我们无法将其从环境中剥离、单独解决之后再还原复位，而对环境没有任何影响。此外，不存在明确的因果关系。这类问题往往非常棘手。例如，如果试图基于科学方法（也就是说，假设它是个易解问题）建立国家医疗服务体系（NHS），就可能会提议仅根据每个人的医疗需求为其提供所需的一切服务和药品。然而随着人口老龄化加深、干预和维持生命的医学手段越来越强大、为这些干预供资的财政资源越来越紧缺，我们可能会面临需求无限增加而经济资源水平有限的境况，所以对NHS这个问题，就不可能有一个科学或医学的，也就是易解的解决方案。简言之，我们无法满足每个人的一切需求，在某些时刻，我们需要就谁获得什么及基于何种标准来做出政治上的决策。这一固有的争议领域是抗解问题的典型特征。如果把NHS当成NIS（国家疾病服务体系）来考虑，我们对问题的理解就会截然不同，因为它基本上是一连串易解问题：治疗腿部骨折相当于一个易解问题——有科学的解决方案，医院里也有医疗专业人士来提供治疗。但是如果你跑到（不好意思，一瘸一拐地跛行到）饭馆里去治疗断腿，它就变成了一个抗解问题，因为那里不大可能有人会拥有必要的知识或资源。因此问题的分类是主观的而不是客观的——我们面临的是哪一种问题取决于我们所处的位置，拥有什么样的知识。

更有甚者，NHS处理的许多问题——肥胖症、药物滥用、暴力等——都不仅仅是医疗卫生问题，它们往往是非常复杂的社会问题，涉及不同的政府部门和机构，因此试图通过建立单一的机构框架来解决它们几乎注定无果。的确，由于抗解问题往往没有“结束点”，也就是问题最终得到解决的那个点（比方说，因为我们解决了犯罪问题，从此就没有犯罪了），我们往往不得不承认，我们根本无法解决抗解问题。关于领导力，我们的传统理解恰恰相反——解决问题、果断行动且应付自如的能力。但我们不可能知道如何解决抗解问题，那么正因为我们无法知道该如何应付，果断行动就得非常审慎才行。如果我们知道该如何应付，它就是一个易解问题而不是抗解问题了。然而外界要求果断行动的压力往往会导致我们试图按照处理易解问题的方式来解决问题。当全球变暖首次作为问题出现时，有些应对方式就集中关注通过科学来解决（这是一个易解反应），表现为发展生物燃料；但我们现在知道，第一代生物燃料似乎破坏了世界上很多重要的食物资源，因此貌似解决方案的应对实际上却变成了一个新问题。同样，这也是我们在试图解决抗解问题时经常碰到的——会出现其他问题，让原始问题变得更加复杂难解。于是我们可能使情况有所改善或更加恶化——我们可以开车开得慢一些、少一些或者开得快一些、多一些——但可能无法解决全球变暖问题，我们或许不得不学会生活在一个不同于以往的世界，随遇而安、尽力而为。换句话说，我们无法从头再来，设计一个完美的未来——虽然很多政治或宗教极端主义者或许希望如此。

这里的“我们”一词非常重要，因为它表明在应对抗解问题时，集体的重要作用。易解问题或许会有个别的解决方案，也就是说个体可能知道该如何应付。但既然抗解问题的定义就包括领导者一方无法提供答案，那么理所当然，个体领导者只能提出适当的疑问，让集体参与到应对问题的尝试中来。换句话说，抗解问题需要将权限从个体转移到集体，因为只有集体参与，才有希望应对问题。抗解问题所涉的不确定性表明领导力并非科学而是一门艺术，正如我所定义的那样——是动员整个社会共同应对复杂的集体问题的艺术。

抗解问题的实例包括制定交通战略、应对全球变暖、直面反社会行为或建立国家医疗服务体系。抗解问题不一定源于比易解问题更长期的时间框架，因为如果迟迟不做决策，某个看似易解的议题可能会变成（临时性的）抗解问题。比方说，肯尼迪总统在古巴导弹危机中的行动，往往是基于向他的文职助理提一些需要时间考虑的疑问——虽然他的军事顾问总是施压，要求立即得到解答。如果肯尼迪接受了美国鹰派的建议，我们可能会看到这一抗解/易解二分法之外的第三类问题——“重大”问题，在这个例子中，很可能是一场核战争。

重大问题，也就是危机，其性质不言自明，由于决策和行动的时间大大压缩，往往会引发独裁。这里，至少就指挥官的行为而言，需要做些什么根本没有任何不确定性，因为指挥官的职责就是采取必要的决定性行动，也就是为问题提供答案，而不是启动有可能延迟决策的标准作业程序（管理），或提出疑问并寻求集体的协助（领导）。

我认为，在遇到此类转化为重大问题的危机时，我们的确需要神一样的决策者果断决绝地提供危机解决方案。既然我们总是奖赏那些善于应对危机的人（而忽视那些因为善于管理而很少出现危机的人），指挥官们很快就学会了如何找出（或者把局势重新设计为）危机。当然，指挥官私下里对于当前行动是否恰当，或者将局势解读为危机有无说服力可能并没有把握，但这种没有把握的一面很可能是追随者不容易看到的。具体实例包括发生重大火车相撞事故、核电站辐射泄漏、军事攻击、心脏病发作、工人罢工、失业或失去亲人，抑或类似“9·11”事件或伦敦“7·7”爆炸案等恐怖袭击之后的即时反应。

这三种权限——命令、管理和领导——又以另一种方式表明，那些负责决策之人的作用分别是找到适当的解决方案、过程以及提出疑问来应对问题。我本意并非另外提出一个分类法，而是想提供一个启发性工具，帮助我们理解为什么负责决策之人的行动有时在其他人看起来根本无法理解。因此，我并不是说正确的决策过程取决于对局势做出正确的分析——那可能会产生一种决定论观念——而是说，决策者往往会基于一个有说服力的局势分析来证明其行动的合理性。简言之，问题的社会建构会证明动用某种特定的授权方式是否合理。

来看始于2008年的经济衰退期间公共财政状况的例子。很多国家都陷入了是否应该削减公共开支以及应该（最低限度地）

保留哪些公共开支的争论中。的确如此，各路政客似乎都汲汲皇皇地想要夺过指挥官的佩剑，让浪费公众财政税收的公共部门挥霍者们吃点苦头。但这样做是本末倒置——问题的根源是挥霍的投资银行家，而不是节俭的公共部门雇员！此外，情况往往是，当获得授权的同一个人或群体对同一问题的认知或认定分别是重大问题、易解问题或抗解问题时，甚或同一问题本身在这三个类别之间跨界转变时，该个人或群体也会在命令、管理和领导这三个角色之间转换。的确，这一转换——往往被决策者的对手视为"前后矛盾"——至关重要，因为形势总是在变化，或者至少我们对形势的认知不会一成不变。要对问题进行有说服力的描述，部分取决于决策者能否获得特定形式的权力及其对某种权力的偏好，"领导"的讽刺意味恰在于此：它是所有做法中最难的，也是许多决策者试图不惜一切代价尽量避免的。

"权力"的概念表明，我们需要考虑对待权力的不同态度以及不同形式的权力如何与这一权限分类法相契合。考虑到当前的目的，最有用的是埃齐奥尼的服从分类法，分为强制性、算计性和规范性服从。强制性权力或武力与监狱或军队等"全控"机构有关；算计性服从与公司等"理性"机构有关；而规范性服从与基于共同价值观的机构或组织有关，例如俱乐部和行业协会等。这一服从分类法与上述问题分类法完美契合：重大问题往往需要强制性服从；易解问题需要算计性服从；而抗解问题需要规范性服从——你无法强迫他人跟你一起应对抗解问题，因为问题的性质本身就要求追随者必须从主观上愿意提供帮助。

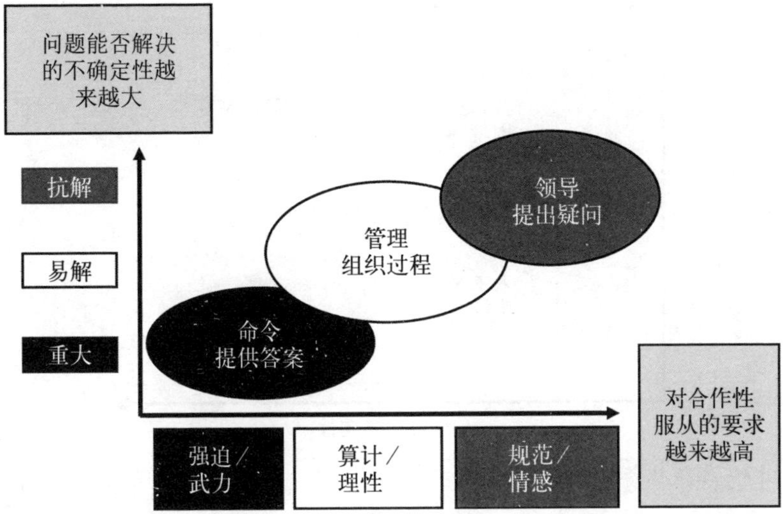

图2　问题、权力和授权的分类

这一分类法可以用纵轴和横轴的关系图来表示，如图2所示，纵轴表示对问题的解决方案——当权之人的行为——越来越没有把握，横轴表示解决问题所需的合作越来越多。

这或许在许多人看来是不言自明的，但如果是这样的话，我们为什么始终无法引发这样的变化呢？要回答这个问题，我想先来谈谈文化理论，考察一些所谓的“简洁方案”。

文化与对简洁的痴迷

玛丽·道格拉斯[①]指出，我们大致可以基于两个不同的标准

① 玛丽·道格拉斯（1921—2007），英国人类学家，研究领域是社会人类学，对宗教比较研究有着强烈兴趣。

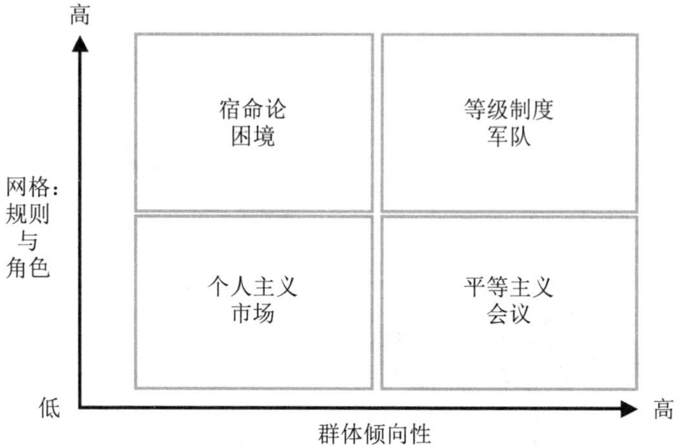

图3　组织社会生活的四种基本方式

来了解大多数文化：网格和群体。“网格”涉及某种文化中角色和规则的重要性——有些非常僵化，例如某个政府官僚体系，而有些则非常松散或开明，例如某个非正式的俱乐部。“群体”涉及群体在某个文化中的重要性——有些文化完全是围绕群体展开的，例如足球队，有些则更具个人倾向，如企业家聚会。如果把这些要点放在一个二乘二的矩阵中，就得到了图3。

当某种文化既是“高网格”又是“高群体”，我们往往会看到僵化的等级制度，例如在军队中，跟群体相比，个体无关紧要。当某种文化有着“高群体”倾向而缺乏对规则和角色的关注，也就是“低网格”时，就能看到平等主义文化，范例是那些认为集体会议庄严神圣、寻求共识至为关键的组织。当“网格”较低，对“群体”也同样漠不关心时，我们往往会看到个人主义文化——这是创业企业家、理性选择以及热爱市场的政客们的乐土，对他们来说，任何集体或规则概念都是对效率和自由的毫无必要的约束。最后一类是宿命论者，其群体层面缺失，身处孤岛的个体认为自己受到了规则和角色力量的破坏。

如上定义，这些文化往往都能自圆其说，且在哲学意义上也条理连贯。换句话说，等级主义者通过等级主义的透镜看待世界，因而将问题理解为没有足够的规则，或者是群体或社会缺乏规则执行力度的表现。相反，面对同样的问题，平等主义者认为它与集体社会的软弱有关——它与规则没有多大关系，而更在于社会应该更加紧密地团结起来解决问题。个人主义者可不信这一套；问题（在他们看来）显然与个人有关——个人应该对自己的境遇负起更大的责任。而宿命论者则彻底放弃了，因为规则永远与他们作对，也没有群体能够帮助他们摆脱困境。

于是问题就变成了这些内在逻辑连贯的或简洁的理解世界的模式在解决重大问题或易解问题时都很有用，因为我们知道如何解决，以前的做法也都奏效。个人主义者可以解决减少汽车的一氧化碳排放问题——这是个易解问题，有科学的解决方案；但他们无法解决全球变暖这个抗解问题。平等主义者可以帮助刑满释放犯回归社会——这是个易解问题；但他们无法消除犯罪——这是个抗解问题。等级主义者可以改善针对社会公务人员欺诈行为的规则执行力度——这是个易解问题；但他们无法解决贫困这个抗解问题。确实如此，抗解问题本身无法运用简洁的方式解决，恰恰是因为这些问题本来就不属于某种单一的文化和机构，而是跨越了好几种文化和机构。但因为我们囿于自身的文化偏好，对其痴迷不已，很难迈出自己的世界，以不同的视角来看待事物。诚如普鲁斯特所言："真正的发现之旅不在于寻找新的风景，而在于拥有新的眼光。"

为什么简洁方法无法解决抗解问题，而笨拙方案却可以

如果说单一模式（简洁）方案向来只能应对易解问题或重大问题，我们就需要考虑如何在所谓的笨拙解决方案中全部采纳三种应对方法。事实上，我们需要避开建筑师面对问题时的简洁做法——拿出一张白纸，设计全新的完美建筑——而采纳小修补匠，也就是自己动手的业余工匠的做法。用哲学家伊曼努尔·康德更直白的说法，我们一开始就需要认识到，"人性这根曲木，绝然造不出任何笔直的东西"。下面用全球变暖的例子来加以阐释。

图4总结了这个议题。等级主义者认为，问题的原因是缺乏足够的规则和执行力度——有必要制定类似《京都议定书》但更加有效的规则。然而平等主义者或许会辩称，需要改变和执行的并非规则，而是我们全体人类对地球的态度——我们必须找到更可持续的生活方式，而不仅仅是更严格地遵守规则。而在个人主义者看来，上述两个选项都未能正确理解问题，因而真正的解决方案是创造自由，鼓励企业家进行技术革新，拯救全人类。在宿命论者看来，一切当然毫无希望——我们注定要毁灭。这里的问题在于，上述简洁方案中没有一个真正产生了足够的多样性，用于应对这

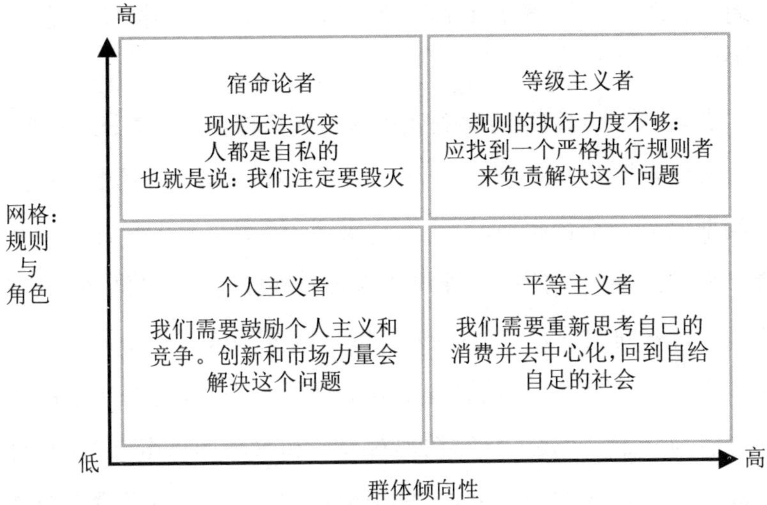

图4　应对全球变暖的简洁（单一模式）方案

个复杂的问题。规则或许能促使人们安全驾驶，但靠它来拯救地球很可能于事无补。我们也无法干脆放弃资源集中的城市，大家都去乡间过自给自足的生活。同样，虽然技术革新很有必要，市场压力也不无助益，但仍然无法依靠这些来彻底解决问题。的确，全球变暖或许根本就无法解决，也就是说我们无法从头再来，恢复那个未经污染的世界，又因为寻找“解决方案”的不同切入点难免会危及不同的利益，我们只能寄希望于通过政治谈判达成协议，尽可能将损害限定在可控范围内。那就需要一种非线性的甚至“扭曲的”应对之策，缝合出一个谈不上简洁甚至还很笨拙的解决方案，将上述三种理解方式结合在一起，并适当采纳宿命论者的消极反应，顺从不断变化的公众意见和行动。如图5所示，我们事实上需要通过创造出一个“笨拙的解决空间”，利用全部三种框架，才能有所进展。

那么，笨拙的解决方案到底应该是什么样子的呢？图6表明，一个必然笨拙的解决方案有一个必不可少的元素，就是把三种文化类型的元素结合起来，即个人主义者、平等主义者和等级主义者。在这三种类型的每一种内部都有一些技巧，一旦结合，或许能够为抗解问题撬开一个足够大的缝隙，实现些许进步。以下先逐一探讨这些类型，在此过程中我们需要认识到，每个抗解问题都可能与众不同，要有针对性地对技巧和议题加以组合，才有可能成功。换句话说，这不是个保证解决问题的“按图索骥”的做法，而是一种实验艺术形式，可能行之有效，也可能无济于事。

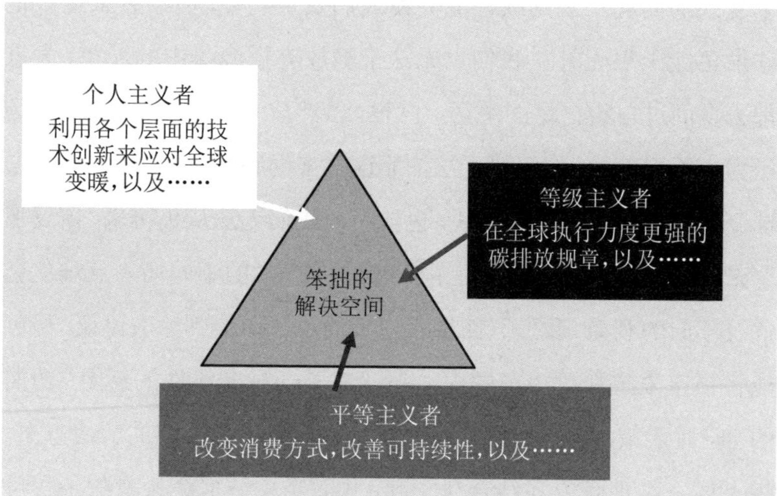

图5　应对全球变暖这一抗解问题的笨拙解决方案

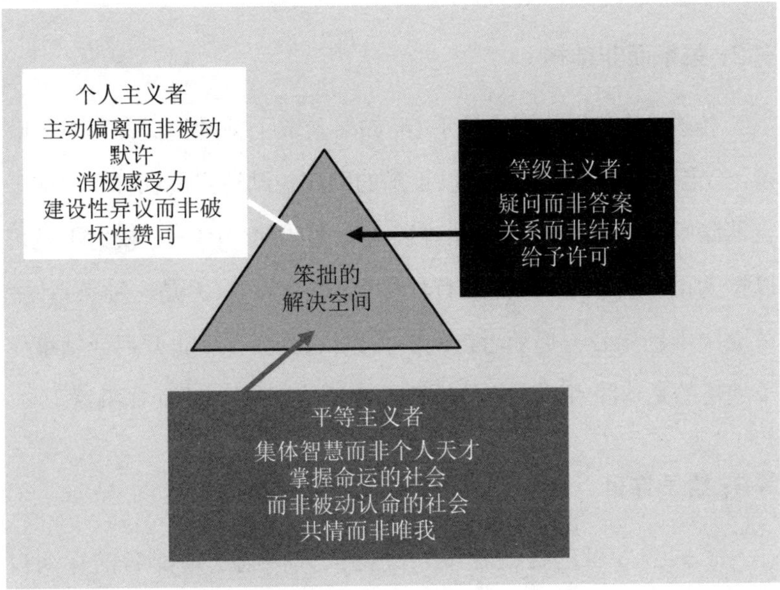

图6　应对抗解问题的笨拙方法

等级主义者

等1：疑问而非答案

这里的第一步，是等级主义者要认识到，领导者的角色必须从提供答案转变为提出疑问。这样一来，领导者就应该发起一个完全不同的叙述框架，让集体做好共同承担责任的准备。的确，之所以要在等级主义者阵营内部这么做，恰恰是因为只有等级制度的领导者才有权限逆转自己的角色，从贡献答案的人变成提出疑问的人。从专家转为调查者，与这一视角转变相关的要求对等级主义者最合适不过了：关系而非结构。

等2：关系而非结构

传统上，变革的模式暗示着，如果采取了某种模式却仍然失败了，一定是因为领导者未能以正确的顺序拉动适当的杠杆。但这一机器隐喻恰恰是领导者如此难以改变现状的原因——权力不是可以据为己有的东西，因而没有杠杆可以拉动。权力是一种关系，变革取决于领导者与追随者之间的关系：事实上，真正开启或结束变革战略的是追随者而不单是领导者，因为组织是体系而非机器。

等3：给予许可

正式领导者的传统权限一直都大大抑制了追随者的行动自由：除非老板亲口告诉你现在要集思广益，欢迎就工作议题提出不同意见，并继而让你亲眼看到他没有约束那些提出建设性异议之人，否则就不大可能会有多少辩论，下属们会任由组织溃败，因为他们没有获得拯救老板的许可。这就是为什么在笨拙方法中，等级主义者不可或缺，因为他们必须授权对规则加以改变。

个人主义者

个1：主动偏离而非被动默许

个人主义者往往是那些偏离规则的人，这一行为可能至关重要。举例来说，1990年，杰里和莫妮克·斯捷尔宁[①]前往越南参加

① 指杰里·斯捷尔宁（？—2008）和莫妮克·斯捷尔宁夫妇。两人均为美国社会发展学者，合著有《主动偏离的力量》（2010）一书。

救助儿童会的慈善活动。让斯捷尔宁夫妇觉得奇怪的是，在普遍营养不良的情况下，为什么有些孩子营养良好？关于营养不良，主流越南文化形成了相当主流的传统智慧——它是卫生条件差、食品分配不到位、贫困和饮水资源短缺共同作用的结果。另一方面，有些孩子——并非社会阶层最高的人家的孩子——营养良好，是因为他们的母亲——主动偏离者——无视传统文化；传统文化认为母亲应该：

- 避免被认为低级/常见的食物——例如田虾和螃蟹；
- 不要给患有腹泻的孩子喂食；
- 让孩子们自己吃饭，或者喂饭次数不超过每天两次。

相反，这些母亲：

- 使用低级/常见的食物——它们很有营养；
- 给患有腹泻的孩子喂食——这对他们身体恢复健康至关重要；
- 一天中主动给孩子多次喂食（自己吃饭的孩子会把食物掉在地上，这样食物就脏了，而且孩子的胃每次只能接受一定量的食物，所以即便每天喂两次也是不够的）。

简言之，组织内的问题常常是自发产生的，但一般也都有解决方案，只不过我们通常不去寻找它们罢了。

个2：消极感受力

等级主义者往往无法接受模棱两可，个人主义者却甘之如饴。诗人济慈所谓的“消极感受力”是指能够忍受不确定性，而抗解问题注定是不确定和模棱两可的，因此真正的技能并非消除不确定性，而是设法在充满不确定性的情况下仍高效运作。简言之，消极感受力能够为人们腾挪出时间和空间来思考当前议题，而并非不得不满足其他人的日程或必须果断决绝——却铸成大错。斯坦曾对“阿波罗13号”[①]太空任务和三里岛核事故[②]中的决策进行过比较，能够很好地说明问题，即在某些充满压力的情况下，经验的助益必不可少。因此发生在阿波罗13号和三里岛的“重大转折事件”——当“世界看似不再是一个理性有序的系统”时——就促使负责决策的人做出了全然不同的反应。阿波罗13号的“重大转折事件”爆炸使宇航员面临食物短缺、氧气不足、体力不支、饮用水不够和生还希望渺茫的境况。但地勤人员没有顺从直接蹦出结论的天然倾向，而是对问题进行了缓慢而仔细的分析，通过制作一个临时的二氧化碳涤气器（这是典型的小修补匠的做法），使得阿波罗13号安全返回地球。相反，在1979年的三

---

① 阿波罗计划中第三次载人登月任务中的飞船。1970年4月11日升空，其后两天，服务舱的氧气罐爆炸，太空船严重损毁，失去大量氧气和电力；三位太空人使用航天器的登月舱作为救生艇。导航与控制系统没有损坏，但是为了节省电力，在返回地球大气层之前都被关闭。三位太空人在太空中面临维生系统损坏所导致的重重危机，所幸最终仍成功返回地球。

② 三里岛核事故是1979年3月28日发生在美国宾夕法尼亚州萨斯奎哈纳河三里岛核电厂的一次部分堆芯熔毁事故。该事件被归为国际核事件分级第5级，也是美国核电历史上最严重的一次事故。

里岛核灾难中，“重大转折事件”的发生使他们立即采取行动，不经意地造成了局势进一步恶化。实际上，决策者的确果断，却做出了错误的决策，让情况变得更糟的是，后来所有表明问题尚未解决的证据都遭到了他们的否认。因此，在这类情形下，能够容忍焦虑并确保它既不会升级（导致绝望）也不会被否认（导致不作为），能够产生不同的意义建构行动。

个3：建设性异议而非破坏性赞同

最后，个人主义者善于抵御等级主义者和平等主义者发出的服从诱惑，无论是服从规则还是服从众意。自米尔格拉姆和津巴多[①] 1960年代著名的服从实验以来，我们知道，大多数人在大多数时候都会服从权威，即便那会导致无辜的第三方受苦——只要追随者接受其理论依据、能够免责，而且他们只是逐渐地、一点一点地施加痛苦（“造成损害”）。换句话说，面对抗解问题时，领导者的难题不是确保有人赞同而是确保有人提出异议。对独裁者来说，获得赞同相对比较容易，但它无法应对抗解问题，因为这类赞同往往是破坏性的，而破坏性赞同恰与不负责任的追随相伴，将导致全然无用的框架，根本无益于应对抗解问题。我们事实上需要的是建设性的反对者，他们愿意告诉老板，后者的决策是错误的（举例来说，就像在第二次世界大战中，艾伦·布鲁克陆军元

---

① 指美国社会心理学家斯坦利·米尔格拉姆（1933—1984）和心理学家菲利普·津巴多（1933— ）。这里的实验就是所谓的“米尔格拉姆实验”，又称“权力服从研究”，旨在测试受测者在面对权威人士下达的命令，要求其做出违背良心的行为时，人性所能发挥的拒绝的力量到底有多大。

帅频频对丘吉尔提出批评）。那么平等主义者又如何——需要他们贡献些什么呢？

平等主义者

平1：集体智慧而非个人天才

一般来说，我们会把成败都归于个别领导者。事实上，成功或失败越重大，我们越有可能这么做，即便我们通常并没有什么证据表明事件的发展与个体有关。然而当我们真正考察成败的原因时，会发现它往往是社会行动而非个体行动的结果。例如，英国零售企业家阿奇·诺曼曾在1991年把阿斯达公司从破产边缘挽救回来，在1999年以67亿英镑的价格把它卖给了沃尔玛公司。但在这一重大成功背后，并非某个天才的个人努力，而是一个才能出众的团队共同作战，包括董事会级别的贾斯汀·金（后来就任英伯瑞公司CEO）、理查德·贝克（后来就任博姿公司CEO）、安迪·霍恩比（后来担任哈利法克斯苏格兰银行CEO，继而又入主博姿公司），以及艾伦·莱顿（后来出任皇家邮政的董事长）。简言之，阿斯达的成功是集体智慧而非个人天才的结果。这一视角对抗解问题尤其重要，因为它们要求集体反应，这是系统而非个人的典型特征——必须由大家共同承担责任，而不是错误地让领导者一力担当。

平2：掌握命运的社会而非被动认命的社会

英国兰莱斯特郡布朗斯通的当地社区领导者安·格洛弗因

为把自己所在的被动认命的社区转变为“掌握命运的社区”而受到赞誉，她动员邻里团结起来对抗一伙从事反社会行为、用恐怖控制为害一方的年轻人。恐怖蔓延曾一度让社区失去活力，把它变成了由孤立个体组成的一盘散沙——被动认命的社区——每个人都在抱怨流氓青年的问题，但都无能为力。当格洛弗说服一大群人团结起来走出家门去面对那伙流氓时，流氓组织就离开了，其成员也最终被清除出乡里。这一实例自然证明我们应该勇敢行动，并愿意承担面对困难的风险，但还不止这些；它说明我们要认识到，必须积聚社会资本来培养一种集体归属感，才能建立一个掌握命运的社区。

平3：共情而非唯我

最后一个平等主义技巧是能够站在他人的立场上，建立共情，从而理解他人，这是应对抗解问题的前提之一，但如何获得这一技巧呢？琼斯的答案是成为你所在组织中的人类学家，投入一些时间和精力去站在自己追随者的立场上，体验一下那些你希望投身于集体事业之人的生活，因为如果你无法理解他们看待问题的视角，又如何能够动员他们呢？这与我们通常获得组织运作知识的方法截然不同，因为我们知道，人们在小组访谈或问卷调查中所说的话并不能反映他们真实的世界观。许多CEO和公司领导者已经开始采用定期前往生产第一线工作一段时间的做法，但很多人还没有，于是当等级制度底层对问题的反应与小组访谈或最新员工调查问卷的预测不一致时，会让他们措手不及。

结　论

很多当代议题之复杂，似乎都能够证明这一从易解问题和简洁方案转变为笨拙方案的做法更适合应对抗解问题。但事实上有很多议题都是易解而非抗解问题，确切地说大多数议题都是如此，只需要人们恪守本分即可，不需要老板伸长手臂，事事亲力亲为。真正的危险在于，我们已经变成了自己文化偏好的囚徒——等级主义者对发号施令上瘾，平等主义者沉迷于合作型领导，个人主义者坚持把一切问题都当作易解问题来处理。我们本该在自己的方法被证明无效时培养一种笨拙的做法，结果却一味地寻求简洁方案。这或许也能解释为何变革如此举步维艰——因为，比方说，当公共部门组织与合作伙伴共同应对酗酒或反社会行为等抗解问题时，合作伙伴们无法（或拒绝）授权彼此来牵头行动。同样，当各个国家试图解决类似全球变暖这样的全球性问题时，同一种平等主义抑制力量也往往会妨碍进步。要重新思考我们的做法，一种方法是认识到等级主义者也可以发挥作用：合作型领导也需要有人来牵头。正如人们在加利福尼亚州看到的，如果需要绝大多数投票表决增加公共开支，而只需要三分之二多数的立法者表决增加税收（或制定预算）时，有时你会发现平等主义者太多、太碍事了。但自古以来一直如此吗？领导者曾经的领导方式是否全然不同？下一章就来回答这些问题。

第三章

领导力曾经是什么？

为何要为起源大伤脑筋？更何况，起源当从哪里算起？首先应当指出，对研究领导力的学者而言，“起源”乃是有记载的历史之初，而非智人之始。自有记载以来，任何具备相当规模和存续时间的组织和社团都曾有过某种形式的领导，该领导往往表现为一个人，但并非历来如此——通常是男人，却并不永远这般。这未必是说领导一贯并将始终至关重要或不可或缺，当然更不表明其雄性特质，但它却暗含着我们一直都有领导者这一事实。那么，我们当如何证明领导**的确**不可或缺，或者领导形式和风格是否随时空发生了变化呢？

在很大程度上，我们关于古代领导力的知识主要依赖于书面文献的存在，这就引出了领导力的第一课：一般而言，历史都是由胜者书写的，这既包括获胜的军事领导者，也包括掌权的政治团体。在前一类别中，不妨想想为什么我们对亚历山大大帝或尤利乌斯·恺撒的胜利倒背如流，却对斯巴达克斯知之甚少，对整个古代不断撼动奴隶社会根基的成百上千次奴隶暴动更是几近无知。答案一目了然，那就是亚历山大和尤利乌斯·恺撒要么自己书写历史，要么吩咐专业人士为其撰写历史，而斯巴达克斯没有留下任何书面记录，在奴隶主的记录中，提到其他奴隶领袖之处更是寥寥无几。因此需要预先警告诸位，在阅读任何古典时期领导力的记录——当然，当代领导力的记录也是一样——时，需要对资料来源保持警醒。那些记录并非对事实信息的中立记载；相反，它们是为实现某一特定目的而进行的偏颇记录。

在某种程度上，某个故事是否被记载下来，首先取决于该叙事是否包含被认为意义重大的内容。也就是说，我们倾向于只记录那些在一定程度上不同寻常或非凡罕见的事件。如此一来，就没有多少专著讨论两千年前的中国人如何经营一块小小的农场，也没有多少资料帮助人们了解同一历史时期，高卢的凯尔特部落在相对和平时期的领导风格。但我们有那个时期凯尔特人与罗马人作战的记录，也不乏同一历史时期中国战争首领的记载。然而，关于高卢人与罗马人之间战争的文本是罗马人的文本：首先因为凯尔特人基本上是没有文字的社会，主要还是口头文化，其次则是因为，大体说来，罗马人取得了胜利。同样，能够经过漫长的历史时期保留下来的东西往往是实体的文本和人工制品，而不是口头叙述，因此我们关于非文字社会领导力的了解往往是根据其他人的记录重建的，而那些记录往往是贬抑的。从我们根据考古记录对有文字以前的古代文明的了解来看，由博爱的领袖领导、与邻近部落和平共存的时期实在是凤毛麟角。

这样看来，战争显然是领导实践早期发展的一个关键部分。

从如今中东地区的阿卡德的萨尔贡[①]（约公元前2334—前2279）到埃及大帝拉美西斯二世[②]，从公元前3000年左右的克里特岛文明到同一时期印度河流域的哈拉帕文明，再到中国黄河流域那些筑有城墙的聚居地，我们知道，军事领导在人们追求生存和统治的过程中发挥了举足轻重的作用。同样，这也不是声称领导力起源于战争，或者军事领导是古代时期领导力的最重要元素——我们对这些时期的了解远远不够，无法对此证实或证伪。但的确如此，有些最重要的古典时期领导力文本要么与作战有关，也就是普鲁士军事理论家卡尔·冯·克劳塞维茨所谓的“以其他方法延续政策”，要么事关政策本身。古典时期和文艺复兴时期尤其如此，下面要先考察这两个时期，随后再转向近现代文献。

古典时期领导力研究

在欧洲以外，考底利耶[③]于公元前321年前后为孔雀王朝（印度）撰写的《政事论》，列举了一系列供领导者考虑的实用建议。然而要说第一个不但在自己的时空范围——古代中国——声名

① 阿卡德帝国的创建者。在阿卡德语里，“萨尔贡”意为“正统的国王”或“合法的国王”，他是阿卡德人，因为在公元前23世纪到公元前22世纪间征服苏美尔城邦而闻名。

② 埃及大帝拉美西斯二世（约公元前1303—前1213），古埃及第十九王朝法老，其执政时期是埃及新王国最后的强盛年代。他是法老塞提一世之子，在位期间进行了一系列远征，恢复了埃及对巴勒斯坦的统治。

③ 考底利耶，公元前4世纪的古印度政治家、哲学家。系婆罗门种姓，曾协助旃陀罗笈多一世（约公元前320—前298年在位）获得权力，建立孔雀王朝。他本是古代塔克西拉大学的一位老师，擅长权谋，所著的《政事论》为古印度重要的政治文献，后人称之为“印度的马基雅维里”。

赫奕，至今**仍然**不断吸引商业执行官们从中汲取营养的指导性文本，当属孙武（公元前400？—前320）[①]的《孙子兵法》。事实上，关于《孙子兵法》中那些格言警句的真正作者是谁，世人并无把握，其中很多有可能是由孙武的门徒和学生撰写的，该文本以对话的形式呈现——在“孙子”的鼓励下，好几个人物共同参与讨论——也支持了这一猜想。然而该文本关于领导力的主旨非常明确：“三军之众，百万之师，张设轻重，在于一人，是谓气机。”（《军争》20）[②]确立了这一主旨之后，《孙子兵法》便以对话形式，为军事将领简明扼要地列举了最重要的战略战术元素。

在西方人看来讽刺却符合其源于道家的极简主义精华的是，《孙子兵法》中最为重要的启示之一居然是军事将领只有在不得已之时才应开战，因为“是故百战百胜，非善之善者也；不战而屈人之兵，善之善者也”（《谋攻篇》）。这样看来，孙武认为要取得胜利，就必须讲究战略，因为兵法就是如何避免**不必要的**冲突的艺术。

“阙”是这一哲学的必然结果：如果不得不作战，就需要尽全力避免正面冲突，因为那会占用大量资源并造成大量伤亡，且要比打乱敌军的作战计划或破坏其军需危险得多。如果必须与敌军正面冲突，且没有把握一举击溃对方，那么就应该“遗阙”，给

---

① 此生卒年可能有误，一般认为孙武的生卒年为约公元前545—前470。——编注

② 本书作者引用的这一句事实上出自《吴子兵法·论将第四》，疑似作者引用的是塞缪尔·格里菲斯（1906—1983）翻译的版本（*The Art of War*, Oxford University Press, 1963），其中保留了历代战略家对《孙子兵法》的注释和添加。

敌人留下一条退路，否则敌人就不得不死战到底，而那样一来最终的结局如何，就很难说了。

另一个看似矛盾的建议是不给自己留退路：换句话说，全力以赴，背水一战。孙武说：“帅与之期，如登高而去其梯。”这看似与遗阙规则相反，但退路是留给敌人，而不是同盟或追随者的，因为如果同伴们都觉得受到威胁又看到了一条方便的退路，很有可能选择全身而退。然而如果没有退路，也就是到了孙武所谓的“死地”，他们就不得不全力为生存而战，正是追随者为领导者拼尽全力的这一点，体现了孙武著作中的道家思想。如他在《九地篇》中所说：“投之无所往，死且不北，死焉不得，士人尽力。”

孙武还固执地认为，军中事务应该留给军事专家处理，掌握政权者不该插手。“白大人而救火也，未及返命而煨烬久矣。”（《谋攻篇》）[1]或者如《九变篇》中指出的，“君命有所不受……苟便于事，不拘于君命也”。[2]

大约与孙武在中国向军事将领传授兵法同时，柏拉图（公元前427/428—前347）警告希腊人，民主产生的政治领导与其说代表希腊文化的繁荣，倒不如说对希腊文明构成了直接的威胁。在柏拉图看来，遴选领导者的选举制度根本未能形成严肃讨论的论坛，而是产生了一个马戏团，因为它鼓励领导者们去迎合

① 本书作者这里引用的不是《孙子兵法》中的《谋攻篇》，而是北宋武学博士何去非所言，出处不详。此外，作者在上文和这里对“谋攻篇”的翻译也不统一，上文是“Planning a Siege”，这里用的是“Offensive Strategy”。

② 这里前半句的确节选自《九变篇》，但后半句引自曹操对《孙子兵法》的注释。

暴民——“危险的大型动物”——的最低级的本能，“暴民”大量出现在柏拉图这一领域的很多著述中。柏拉图在《理想国》中指出，暴民会愿意选出给自己承诺最多的随便什么人，哪怕这会让他们所处的社会（他比作一条船）面临险境。因此，民主无法确保船只在最适合当船长（柏拉图所谓的“哲君”之一）的那个人领导下顺利航行，反而确保了大众煽动家大获全胜——这必然会把船只直接引向毁灭的礁石。

但如何识别最适合领导之人呢？在柏拉图看来，不言而喻，只需考察一下人们的专长便可识别出他们的技能：我们不会请园艺师为我们造船，也不会请农民来管理经济。然而让柏拉图深感失望的是，一旦涉及“道德”知识，暴民们便个个自称专家，因而也就没有专家了。正是出于这个原因，柏拉图坚决反对诡辩家和教授修辞学或公共演讲的伊索克拉底[①]，因为这只会鼓励人们更看重形式而非内容。柏拉图最为害怕的是，即便本打算以道德的方式领导、为社会谋福利的人，也会受到该制度的腐蚀，因为领导者对于社会的良好运作至关重要，而腐败的领导者必然会毁灭“他”自己所在的社会。柏拉图的学生之一亚里士多德（公元前384—前322）也认为雅典的确深受腐败领导者之害，但他对这个问题的反应与柏拉图不同。他的著作《修辞学》在一定程度上揭露了“公共演说的伎俩”，亚里士多德认为，它们已经腐蚀了雅典的公共生活。

---

① 伊索克拉底（公元前436—前338），古希腊雅典著名的演说家。

文艺复兴时期领导力研究

亚里士多德之后大约1 800年，地中海的同一地区出现了另一本书，不但成为那个时代关于领导力的首屈一指的著述，在我们的时代也有着不可撼动的地位。这不是说尼科洛·马基雅维里的《君主论》甫一问世便颇受欢迎，恰恰相反，它是16世纪最**不受欢迎**的指导性文本。对马基雅维里本人而言，这无疑是双重讽刺。首先，因为他撰写《君主论》是为了在自己的前雇主那里恢复一些政治信任和声望；其次，因为马基雅维里撰写的是一部说明性而非指导性著作。换句话说，马基雅维里认为他描写了当时政治世界的本来面目，而不是在某个神秘而无法实现的乌托邦里，政治应该以何种面目出现。正是贯穿《君主论》始终的这种政治现实主义导致它立即受到当时的宗教和政治领袖的谴责，当然这也是它在今天大受追捧的原因。按照马基雅维里的说法，他撰写这本书的依据不是理论而是历史事实，但它却被天主教会列为禁书，未收录在教会的《书目索引》中。

《君主论》写于1513—1514年，彼时马基雅维里的家乡因内战外侵而四分五裂。马基雅维里试图为所有的政治领袖，尤其是为美第奇家族，即他的恩主和佛罗伦萨昔日的名门望族，撰写一部指南。因此，《君主论》不光是为讨好美第奇家族而写，更是呼吁人们拿起武器保卫佛罗伦萨以及通过占领佛罗伦萨来保卫意大利免受“野蛮人”入侵，他所谓的“野蛮人”是指西班牙和法国侵略者。

马基雅维里在《君主论》中树立的一个主要榜样，是1492年成为教皇亚历山大六世的罗德里戈·博尔贾的私生子切萨雷·博尔贾[①]。切萨雷·博尔贾带领罗马教宗的军队威胁剥夺佛罗伦萨的独立，但马基雅维里在切萨雷身上看到了一种全然不同的领导力，此人杀死了自己选拔的军官雷米罗·奥尔科，因为后者在治理罗马尼阿时显得过于残酷了。马基雅维里回忆道："……在一个早晨雷米罗被斫为两段，曝尸在切塞纳的广场上，在他身旁放着一块木头和一把血淋淋的刀子。这种凶残的景象使得人民既感到痛快淋漓，同时又惊讶恐惧。"[②]（第七章）切萨雷随后又邀请那些密谋反对他的人前来参加晚宴，并在其饕餮之时命人把他们全都杀了。马基雅维里因而将切萨雷作为真实政治的良好典范，因为他认为，切萨雷通过有选择地使用暴力而恢复了和平。当时的大多数领袖都公开鼓吹另一条道路，即行事磊落，光明正大，但在马基雅维里看来，在一个不道德的世界，光明磊落只能导致最卑鄙的小人执掌大权。他在《君主论》中指出："因为一个人如果在一切事情上都想发誓以善良自持，那么，他厕身于许多不善良的人当中定会遭到毁灭。所以，一个君主如要保持自己的地位，就必须知道怎样做不良好的事情，并且必须知道视情况的需要与否使用这一手或者不使用这一手。"[③]（第十五章）

① 切萨雷·博尔贾（1475—1507），瓦伦提诺公爵，是意大利文艺复兴时期的军事长官、贵族、政治人物和枢机主教；教皇亚历山大六世与情妇瓦诺莎·卡塔内之子。切萨雷在加入教廷、晋身枢机主教以及弟弟乔凡尼逝于1498年以后，成为教廷史上第一位在任内辞职的枢机主教。随后其父将教皇领地内的一部分领土分赐给他做领地。

② 译文引自潘汉典译：《君主论》，商务印书馆1986年版，第34页。

③ 译文出处同上书，第73—74页。

因此：

> 切萨雷·博尔贾被人认为是残酷的。尽管如此，他的残酷却给罗马尼阿带来了秩序，把它统一起来，并且恢复和平与忠诚。如果我们好好地考虑到这一点，就会认识到切萨雷比佛罗伦萨的人们仁慈得多了，因为后者为着避免残酷之名反而让皮斯托亚被毁灭了。
>
> （第十七章）[①]

事实上，马基雅维里并不是说领导者都应该卑鄙龌龊，而只是说为了保护社会的利益（这一点在《论李维》中有更加明确的论述），君主必须不择手段——为的是顾全大局。因此人的行为应该放在具体的形势背景中考虑，而不该放在某个神秘的道德世界中单独分析。当然，问题是如何定义"大局"。

而在回答他自己提出的设问句"究竟是被人爱戴比被人畏惧好一些呢？抑或是被人畏惧比被人爱戴好一些呢？"时，马基雅维里毫不含糊地选择了站在畏惧一边。

> 我回答说：最好是两者兼备；但是，两者合在一起是难乎其难的。如果一个人对两者必须有所取舍，那么，被人畏惧比受人爱戴是安全得多的。因为关于人类，一般地

① 译文引自潘汉典译：《君主论》，商务印书馆1986年版，第79页。

可以这样说：他们是忘恩负义、容易变心的，是伪装者、冒牌货……可是到了这种需要即将来临的时候，他们就背弃你了。因此，君主如果完全信赖人们说的话而缺乏其他准备的话，他就要灭亡……因为爱戴是靠恩义这条纽带维系的……只要对自己有利，人们便把这条纽带一刀两断了；可是畏惧，则由于害怕受到绝不会放弃的惩罚而保持着。但是，君主使人们畏惧自己的时候，应当这样做：即使自己不能赢得人们的爱戴，也要避免自己为人们所憎恨。

（第十七章）①

现代领导力研究

托马斯·卡莱尔——很多人认为他是关于领导力主题的首位“现代”作者——曾在1866年就任爱丁堡大学校长的就职演说中，兴奋地提到了马基雅维里和奥利弗·克伦威尔两人，卡莱尔将克伦威尔比作英国内战时期绝对必要的诸多君主之一。事实上现代时期领导力研究的兴起——与工业社会的兴起同步——可以追溯至卡莱尔在更早的1840年发表的演说，因为崇拜和迷恋历代“伟人”，他认为普通人的角色纯属“多余”。他所建构的个人英雄主义模型代表了维多利亚时代人们关于领导力的普遍设想：它不可更改地是阳刚的、英雄的、个人主义的，有着规范化的

① 译文引自潘汉典译：《君主论》，商务印书馆1986年版，第80—81页。

倾向和本质。它源于你依据自己所处时代的文化规范应该做些什么；的确，跟古典时期和近代零星出现的同一模型别无二致。

该模型似乎成为整个19世纪下半叶的主导模型，直到19世纪末，第一个专业管理团队开始取代原始的“英雄主义的”所有人–经理人时，才受到质疑。那以后人们认为，随着工业规模和后向合并（backward integration）水平开始产生巨型工业（特别是在美国），需要大量行政管理人员来确保组织连贯性，领导力的背景——因而也包括其“要求”——从英雄主义的个人转变成为理性主义的系统和过程。这类组织领导力模型中有很多都来源于军队、文职机关、邮局和铁路，大多将领导力确定为正式等级结构内部的行政职位。继而随着这些庞然大物所释放的劳动生产率的增长，开始鼓励激烈的市场竞争并侵蚀利润率，人们的注意力又很快转向了节约成本战略和科学管理。科学管理的创始人F. W. 泰勒就专注于管理层不惜损害工人的利益而严格控制知识，在细化劳动分工的同时，大大降低各个工作岗位所需的技能。在这种情况下，领导力就被重新设计为“知识领导力”，领导者成为大量生产知识的保有者，因而产生了可以控制生产的权力——与以前由作坊工人对生产加以控制形成了鲜明对比。

1920年代的经济萧条正好与领导力模型的下一个重大转变在时间上重合，就本书讨论的目的而言，那一次重大转变又重新强调规范性权力的作用，偏离了前20年一直占主导地位的科学系统和过程的合理性。这个向以往的规范性模型的“回归”最初起源于1920和1930年代在通用电气公司位于芝加哥附近的工厂进行的霍桑实验。在那里，为优化劳动条件而进行的泰勒式科学实验据称产生了第一个困扰，继而让人们意识到，劳动是无法客观测量的，因为测量行为本身就改变了经验，因而也改变了那些被测量之人的行为。这一所谓的“霍桑效应”后来又引发了一系列相关试验，最终先是说服了通用电气公司，继而又说服了整个美国各家公司的管理层，让他们明白工人只能通过规范而非理性获得激励，他们倾向于集体主义而非个人主义的组织文化。

可以说，上述交替出现的领导力模型——先是19世纪下半叶卡莱尔的“规范”模型，接着是20世纪前20年泰勒和福特的“理性/科学”模型，继而又被霍桑实验的“规范”模型回归所取代，而这最后一种模型又在1930和1940年代被巩固成为“人际关系”方法——反映了两个更为笼统的现象：首先是当时的经济周期，其次是当时的政治模式。这些经济周期构成了康德拉捷夫[①]颇有争议的经济长波理论；政治周期倒没有那么多争议，也更有趣，因为我们似乎不可能脱离1920年代末和1930年代全球大规模兴起的共产主义和法西斯运动而单独讨论工业，更有可能的情况是，在这些运动中表现出来的领导力模型，通过在当时看来合理的一种时代精神被折射在工业中。换句话说，在由规范性地依附于集体意志——不过这种集体意志体现在对党派领袖近乎崇拜的忠诚中——所驱动的群众政治运动风起云涌的时代，人们似乎自然

① 尼古拉·康德拉捷夫（1892—1938），苏联经济学家，提出康德拉捷夫长波，认为资本主义经济发展过程中存在着周期为50年左右的景气与萧条交替的长期波动。

而然地认为，领导某个工业组织的最佳方式是反映出这样一种假设：应该通过规范而非理性的方式组织劳动——组织劳动之群体的领导者应该是代表群众的明显意愿的原型人物。

第二次世界大战结束之时，经济再次出现繁荣，在西方开始占主导地位的领导力模型也再次从群众和英雄的规范性偶像崇拜——表现为法西斯掌权——转变为对情境的理性分析占优势的模型，这种科学方法曾经大大激发了主要战胜国即美国的作战能力，也是根植于那个国家的个人主义文化内部的一种方法。于是就有了美国的自我实现运动的兴起，尤其体现在马斯洛的“需求层次”中，它强调领导者需要先解决追随者的健康和安全需求，然后追随者才能够关注“更高级”的需求；同时也体现在麦格雷戈[①]用“Y理论”（人性是合作的，因此应当通过鼓励来领导）替代“X理论”（人性是自私的，因此应该通过控制来领导）的思想中。

随着对特质理论越来越多的批评出现，以及密歇根大学和俄亥俄州立大学研究工作的发展，领导力研究的趋势又偏离规范，回到对情境的合理理解上。这两所大学的研究工作为一个激进的新动向权变理论奠定了基础。在权变理论的总体框架之下，依靠有可能永无穷尽的特质和超人魅力的理论脆弱性——表面上——受到了沉重打击。自那以后，人们真正关心的不再是由一个最有魅力的领导者来领导一群最崇拜他的追随者，而是能够合

① 道格拉斯·麦格雷戈（1906—1964），美国麻省理工学院史隆管理学院教授，还曾于1948年至1954年期间担任安托荷学院院长，并曾在印度加尔各答管理学院任教。他的《企业的人性面》（1960）一书深刻地影响了教学领域。在该书中，麦格雷戈主张在一定的环境中，雇员可以通过权威、引导、控制、自我控制而达到激励效果。

理地理解形势，并做出适当的反应：也就是我们在上一章讨论过的论调。

自这一权变理论的初期开始，我们经历的“进步”历程先是回归，强调有着彼得斯和沃特曼[①]喜爱的（规范性）“卓越文化”的领导者有多重要，继而又转向1990年代企业重组革命的（理性）教育，最终迎来了当代变革型和激励型领导理论的发展，其背景自然包括恐怖主义、全球变暖、“信用紧缩”以及神权政治和宗教原教旨主义的兴起。这些转变也引发了1980和1990年代的新公共管理运动，举例来说，在该运动的背景下，通过市场的扩张以及目标和业绩管理系统的约束，英国的公共部门由懒散官僚的巨无霸转变成为反应迅速的服务提供者。

以上这些，再加上人们对情商的重要性、身份认同领导以及制定激励性远景和使命的关注，似乎使得起初的规范性特质方法的回归成为必然：看起来，我们是朝着过去前进了一步。因此，近年来我们（再度）受制于激励型个人，这些人天生拥有当代领导者碰巧都有的各种基本胜任素质，而在出现灾难性后果时，人们也会归咎于那些素质。

领导力的发展规律

本文关于领导形式的二元转换的论点并未得到普世公认。

① 指美国麦肯锡咨询公司的托马斯·彼得斯（1942— ）和小罗伯特·H. 沃特曼（1936— ），二人在合著的《追求卓越——美国企业成功的秘诀》一书中提出了革新性文化理论，认为超群出众的企业有一套独特的文化品质，正是这种品质使它们脱颖而出。

的确，对这一规律——如果真有规律可循的话——的理解方式不一而足。首先，随着时间的流逝，我们对领导力的理解只能越来越趋于复杂和理性，图7显示了这种递进的改善。学习历史的学生定会在这种发展态势中看到辉格党式的乐观激进，即事物总体来说朝着越来越好的方向发展。另一方面，有两种二元模型表明，人们对变化的解释截然不同：图8显示了领导力的集权和分权模型的钟摆式交替——这通常都是建立在关于组织学习和游戏的假设之上的，因此随着制度僵化的开始，曾经一度高效的模型会变得无效。相反，图9则保留了二元模型，但其因果机制与构成语言的二元结构有关：夜/昼，黑/白，死去的/活着的，等等。在这里，科学与文化的关系对变化构成了天然的语言屏障，一旦某种领导风格的效能被消耗，钟摆就会朝相反的语言学方向摆动，直到该模式也走到了尽头为止。

其次，某种政治模型不但会将变化置于语言的对立界限之中，而且会将它置于更广阔时代背景的政治策划之中，在后一种情况下，看似“正常”的东西只会在当时的政治意识形态框架之下才显得正常。图10显示了这样一种视角。因此，泰勒主义之所以成为风尚，不仅仅因为它是科学的因而也是理性的，而且也因为在一个又一个科学界的突破逐渐改变劳动世界、种族改良运动开始在美国文化中占据优势的时代，人们会自然而然地认为存在一种配置、控制和领导劳动的最佳方式。同样，当欧洲政治开始陷入法西斯主义的圈套，人们也似乎必然会认为，最佳的领导方式不是对个体进行科学管理，而是魅力型领袖对情绪化的群众加

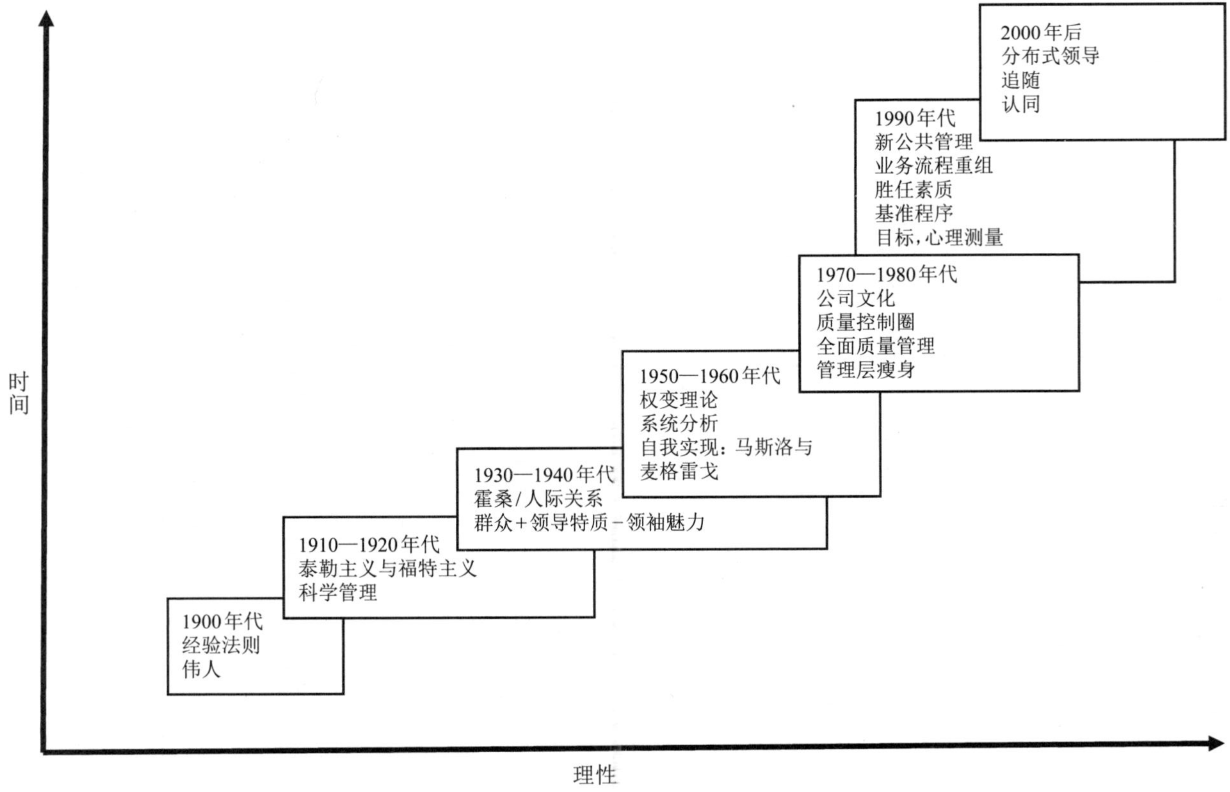

图7　随时间变化越来越趋于理性的领导力

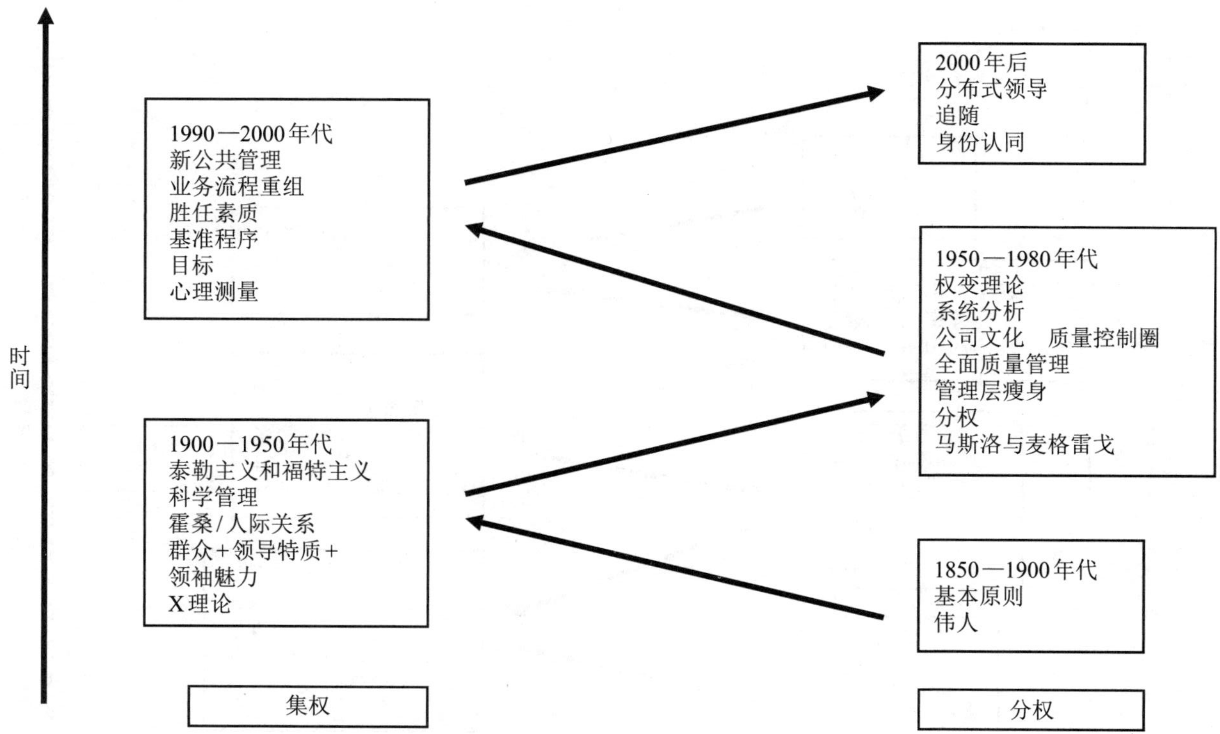

图8　二元模型A：集权–分权

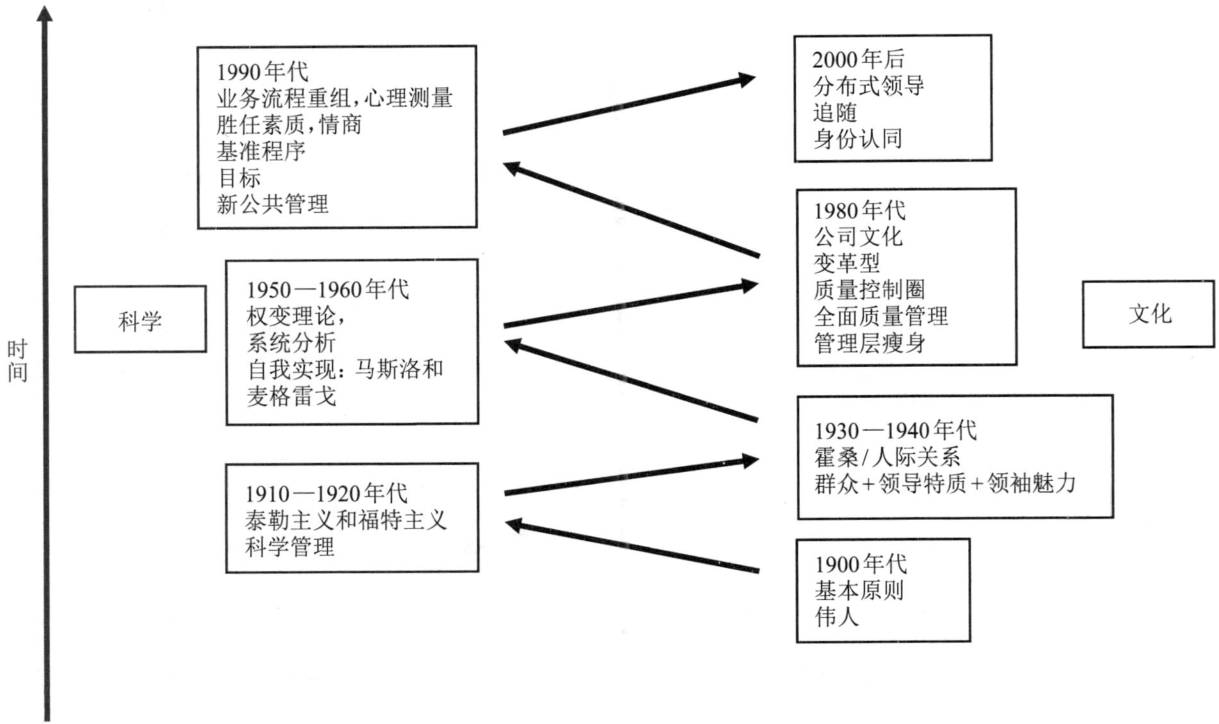

图9　二元语言模型B：科学与文化

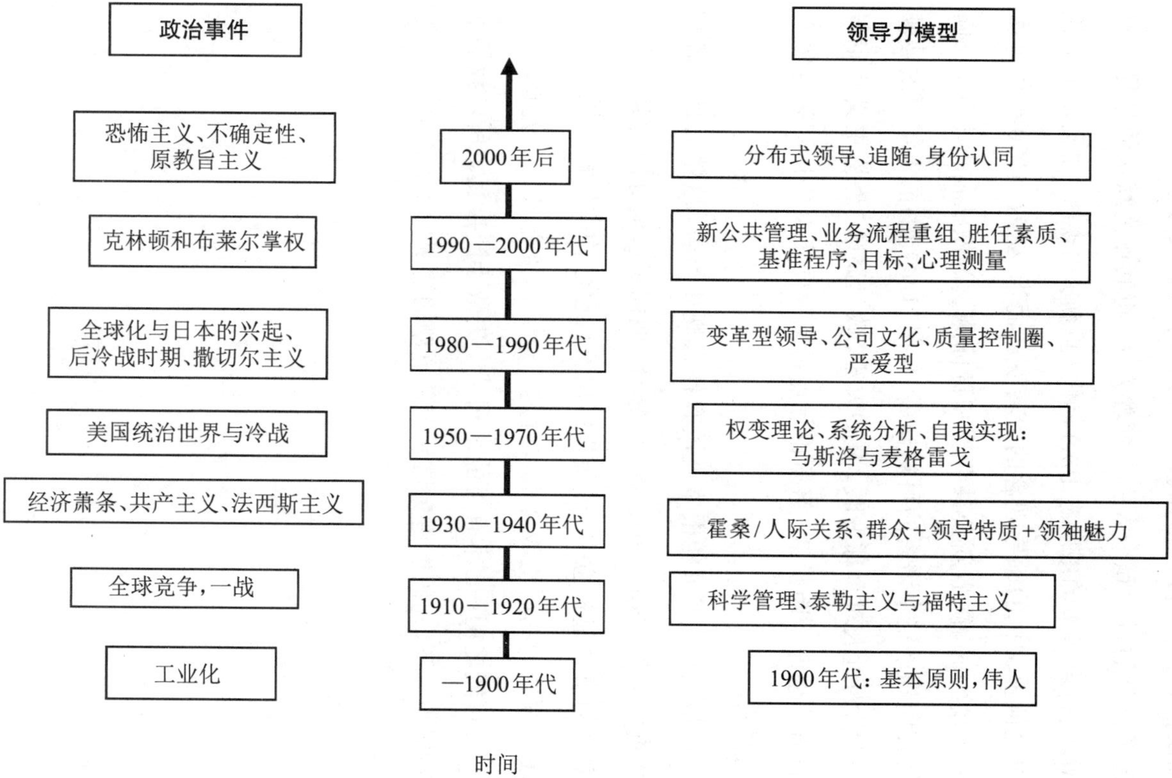
政治事件
恐怖主义、不确定性、原教旨主义
克林顿和布莱尔掌权
全球化与日本的兴起、后冷战时期、撒切尔主义
美国统治世界与冷战
经济萧条、共产主义、法西斯主义
全球竞争，一战
工业化
2000年后
1990—2000年代
1980—1990年代
1950—1970年代
1930—1940年代
1910—1920年代
—1900年代
时间
领导力模型
分布式领导、追随、身份认同
新公共管理、业务流程重组、胜任素质、基准程序、目标、心理测量
变革型领导、公司文化、质量控制圈、严爱型
权变理论、系统分析、自我实现：马斯洛与麦格雷戈
霍桑/人际关系、群众+领导特质+领袖魅力
科学管理、泰勒主义与福特主义
1900年代：基本原则，伟人

图10　政治时代精神

以操控。第二次世界大战一结束，当时的霸权力量美国在各处复制了自己的科学和个人主义管理方法，将其作为默认的领导力模型，只有当日本的威胁在1980年代（重新）出现时，才又发生了朝向更偏重文化的领导观念的大转变。而当这些在1990年代再次失去动力时，随着新公共管理和目标测量等做法占得上风，风向又转回到了整个谱系的科学一端，其在21世纪的前十年再次被颠覆，因为世人对全球变暖、金融灾难、政治腐败、恐怖主义和犯罪的道德恐慌不断扩散，将争论焦点再度导向了身份认同领导等文化派系。

最后，很有可能根本就没有什么规律可言，这些只是学者和咨询顾问们传播的历史碎片的集合，他们希望最好能对某个没有意义的事物建构意义，或至少能出售自己建构的规律作为谋生手段。领导力的历史或许根本就是一个失败接着另一个失败，但它本有可能更糟：它本有可能是同一个失败不断重复。所以我们不妨努力一下，起码能避免这后一种更糟的情况发生。

第四章

领导者是天生的还是后天培养的?

“领导者是天生的还是后天培养的？”这或许是我在教学生涯中被问得最多的一个问题了。通常我都会以不同的措辞回答说“两者兼有”：我们对此实在所知不多，无法做出任何非此即彼的断言（不过那也未能阻止人们继续提出同样的问题）。本章，我想提出一个四重分类法来探讨一下这个问题，对前提加以扩展，不仅包括“天生的还是后天养成的”，还包括“是集体的还是个人的”。这不是回避问题，而是试图明确，如何回答这个问题取决于所讨论的是哪一种领导力。首先来看最传统的回应，即领导力是个人的、天生的——这是卡莱尔的观点；然后考察这一个人主义观念的后天培养的变体，可追溯至古代雅典人。继而探讨集体主义观点，先考察雅典人的“天然”死敌斯巴达人，最后再讨论卡尔克斯式观念，即在实践社团中培养集体主义者。这一四重分类模型的图示见图11。

图12显示了与“领导者是天生的还是后天培养的？”这个问题有关的两张照片。第一张是格鲁吉亚的一个学校团体，画圈的人物是少年斯大林。第二张是奥地利的一个学校团体，画圈的人物是少年希特勒。两人在照片中都处于领导者所在位置——后

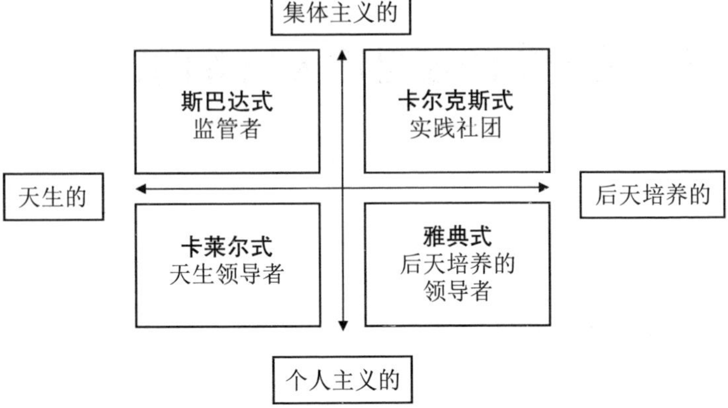

图11　关于领导力培养的一种分类法

排中间位置，这一点令人心惊，也是巧合。斯大林是组织照相的人，他负责收费，把利润据为己有——他似乎是个“天生的”领导者。希特勒没有参与组织照相；要说起来，他在学校里根本是个不起眼的人物，是个没出息的废物。事实上，第一次世界大战期间希特勒曾在巴伐利亚后备步兵兵团服役，该兵团的高级长官在谈到当时的希特勒时说：

> 希特勒不是个特别引人注目的人物……（不过）他是个出色的士兵。他是个勇敢的人，踏实可靠、寡言少语而谦虚低调。但我们找不到提拔他的理由，因为他缺乏作为领导者不可或缺的品质……我最初认识他时，希特勒根本没有任何领导才能。
>
> （引自刘易斯，2003：4）

图12　斯大林和希特勒。第比利斯宗教学校的斯大林（上）和莱昂汀学校的希特勒的照片（下）

然而短短几年时间，希特勒变成了20世纪最有影响力的领导者之一。这是怎么回事呢？有人说希特勒——在第一次世界大战末期曾被英国人的毒气弹所伤——曾被撤离前线，跟很多同伴一样，宣称自己永久失明了。但在其他所有士兵都要求退伍时，希特勒却要求重返前线。既然没有一个士兵永久失明，军队高层这时也就知道了大多数人都企图蒙蔽（这还真是蒙蔽的本意）上峰，逃避这场已经失败了的战争，不过他们觉得希特勒一定是精神有问题，于是就把他送到一个精神病医生那里。那位精神病医生又宣称，只有被“选中”成为拯救德国之人，希特勒的视力才有可能恢复。这个故事后来的发展自然是希特勒恢复了视力，并逐渐“了解”到，他命中注定要担当远比陆军下士重要得多的大任。这个小插曲是真是假无关紧要，问题在于很多领导者之所以能够取得非凡成就，都是因为相信某种命中注定的力量。那种命运是由神明事先告知的（圣女贞德、奥利弗·克伦威尔、马丁·路德·金、弗罗伦斯·南丁格尔）还是某种历史力量使然（成吉思汗、纳尔逊子爵、斯大林、巴顿将军、温斯顿·丘吉尔），都没有其结果重要：它似乎能够产生一定水平的自信，促使其铤而走险，这两者都被追随者认定为伟大领袖的鲜明特征。当然，也有很多这类“命中注定的”领导者壮志未酬身先死，只不过我们不曾听说过他们的故事罢了。相反，只有成功者的故事会传颂千古，其宿命的传说令后人心荡神驰。事实上在这样的例子中，询问“领导者是天生的还是后天培养的”本属多此一举，因为他们可能生来“普普通通”却因为某种经历而转变成了“卓尔不群的”人。但这种类型的领导者有什么重要意义呢？

卡莱尔式：天生的领导者

托马斯·卡莱尔（1795—1881）坚信“真正的”领导者——英雄——都是天生的而非后天培养的。那些“只会喝酒吹牛”的群众无法产生自己的领袖，而新的资产阶级老板“工业巨头”整日只会汲汲于赚取更多的物质财富。在卡莱尔看来，伟大的领导者不可能是在特权的濡化教育后出现的，而只能通过个人原生的——也就是“自然的”——天赋，再加上一种尼采所谓的“权力意志”而产生。卡莱尔的英雄是“天生的领导者”却不是“天生伟大”，因此他列出的名单包括穆罕默德、路德、（后来**成为**的）腓特烈大帝、克伦威尔和拿破仑——这些人都（和他自己一样）天生就有“自然意志”和领导能力，除此无他。因为正如卡莱尔所说：

> 世界历史就是人类在这个世界上所取得的种种成就的历史，实质上也就是在世界上活动的伟人的历史。他们是民众的领袖，而且是伟大的领袖，凡是一切普通人殚精竭虑要做或想要得到的一切事物都由他们去规范和塑造，从广义上说，他们就是创造者。我们所见到的世界上存在的一切成就，本是来到世上的伟人的内在思想转化为外部物质的结果，也是他们思想的实际体现和具体化。可以恰当地认为，整个世界历史的精华，就是伟人的历史。
>
> （卡莱尔，2007：1）

卡莱尔很可能会对他所处时代的人们关于领导力所持的演化观报以同情——该观点认为领导力是人类在一个需要集体行动方能采集食物和保护种群、存活下来的时代演化出来的协调问题的应对机制。狩猎-采集者社会的日常活动或许是我们借以考察更新世（大约从180万年前到1万年前，即最后一个冰川时代末期）期间人类领导力早期模式的最接近的实例了，在那一时期，50—150个智人组成半游牧的、有亲缘关系的群体开展活动，大概在20万年前从非洲的起源地出走四散。最后一个冰川时代结束之后，定居农业的发展产生了大量储备和资源，或许人们正因此而宁愿抛弃狩猎-采集者文化，以及与其各种同期变体相关的平等主义和参与式领导模式。简言之，盈余的产生或许促使人们朝着更为静态的社会发展，其领导者是有能力保护/剥削所在社会并消灭对手的军阀，霍布斯谈到在“污秽、野蛮和短命”的生活中，所有人反对所有人的战争时，大概所指的就是这个。

在演化生物学家看来，在连年战争的条件下，对领导者的选择或许会重点关注数量相对较少的一群“雄性领袖”，也就是卡莱尔的“英雄”。随后发生的各种各样的自然选择淘汰了一切，只留下最适应的，或者说只留下了最适于担任领导职位的人，但这同时意味着当代的各种组织形式被认为是“不适合”我们（几乎没有发生）演化的领导形式。事实上在这种观点中，对领导力的要求是人类所固有的，时空变换，斗转星移，那些要求却相对固定。

事实上要确定哪些特质是人类天生固有的实在难乎其难。首先，我们很难在人们受到教育的影响之前对他们进行评估——评估婴儿的领导能力绝非易事。更何况有些行为本来就没有逻辑可循：比方说，如果繁殖的结果更有利于领导者而非追随者的话，还怎么会有人甘居某一位领导者之下呢？

这种观点往往认为，人类显然普遍适用且亘古不变的领导力与我们的动物本性有关，因为动物中间的领导力似乎是不变的，也是最为等级森严和残酷暴虐的。比方说，狮群中的领导模式主要是由母狮负责狩猎和照顾幼狮，而雄性领袖在摄食和交配方面享有特权。但并非所有动物都采用同样的领导模式：以斑鬣狗为例，它们的性别角色就是相反的——雌性的体型大于雄性，因而前者控制交配过程并领导鬣狗群；雄性进行大部分的狩猎，而雌性控制雄性，并可以优先获得被雄性杀死的猎物。有些演化观点暗示说，雌性之所以能在斑鬣狗群体中占据统治地位，是因为雄性没有分担抚育幼兽的职责；很奇怪怎么没有人把这种领导策略传授给猎豹。狼群稍有不同：由一对老大领导2—12只狼组成的家庭单位，担任领导的那一雌一雄单独负责哺育后代。狼群内部存在着严格的等级阶序，雄性老大领导捕食和守卫地盘，雌性老大领导幼崽。

但如果说人类领导力是动物世界的镜像，那么我们应该最像我们最近的遗传近亲黑猩猩才对。然而德瓦尔关于黑猩猩的论述表明，领导力并非由体型决定，也不一定是黑猩猩天生固有的，而是由占优势的雄性在年长雌性的支持下结盟形成的。此外，博姆指出，对当代狩猎-采集者的分析表明，领导者时时处处会受到“逆向统治等级”的抵制——后者结成暂时的同盟，共同反抗暴君。事实上，领导者的合法化取决于追随者而不是领导者。

如果我们真的是自身基因的“牺牲品”，那么我们或许还想质疑一下自由选择或自主权的概念。与决定论相对，意志力就是指行使自由意志或主动选择，因此，如果人类行为是由生物基因决定的，就消除了领导力的主动元素，或许就很难确定个体的责任了。这样一来，我们可能根本不用负责，也就没有领导力可言了。事实上，如果说性格是遗传得来的，那么这种观点的逻辑结论表明，那些有着“犯罪基因”的领导者无须对带领犯罪团伙作恶负责，哪怕其造成了重大人员伤亡或大量钱财被盗等等。而如果我们坚持认为行动是由生物要求决定的，而个体对其没有任何主动控制权，那么我们甚或应该考虑寻找一种领导力基因来**迫使**他们行动。古代雅典人大概根本不这么看；在他们看来，领导力是后天培养，而不是先天就有的。

雅典式：后天培养的外行

“雅典式”是指以古代雅典公民（只包括男性）为典范的领导力学习模式，他们通过相对较高的社会出身再加上博雅教育，并适当地辅以“培养人格”的体育教育，来获得领导职位。最初接受教育的时间段是8—14岁，富裕阶层的男孩子会接着上学，直到18岁，按照规定，那以后会有两年时间在军中服役。其目的是要培养（男）孩子，让他们通过参与往往是独立思考的省察式学习，为雅典公民提供下一代通世故、有担当的领导者。这些领导者认为自己是“后天培养的外行”——他们不是填鸭式教育系统的成果，后者培养出的是他们的死敌斯巴达人那样的职业士兵；相反，他们是最为文明的社会培养出来的最知书达理的人。至于当代读者觉得有奴隶存在，且女性社会地位低下的社会根本算不得文明社会，就是另一回事了。

整个19世纪，英国军队里就采用这种领导力培训的“后天培养”做法，结果形成了一个极为忠诚、勤奋和实用的上层阶级军官群体，但他们没有什么想象力，对科学技术也不感兴趣或不予支持。这造成了英国在第一次世界大战前半段，特别是1930年代的困境，以及英国全面丧失技术领先的地位。无论商场还是陷入僵局的战场都需要创业家的胸怀和丰富多元的想法，然而他们的做法却造就了“监护制”伦理规范，它提倡责任感和浪漫的理想主义却不理会创新组织结构、程序和战略。结果，人们对军事理论或战略漠不关心，却过于倚重作战军官的个人主动性，以及英国人良好的“常识”。

这样一来，领导行为就成为下属们无法参与的事情——德国军队却一直都在培养下属的参与感——而主要源于一种交换机制：用家长作风来换取忠诚，用威严来换取尊重。结果，领导者们有义务像对待自己的孩子一样对待士兵，士兵们则必须像孝顺父母一样服从军官的命令。正如1914年第一国王兵团的一位中尉所说：“士兵们太像幼儿了。离开了我们，他们什么也做不了……这大概能够在部分程度上解释为什么军官的伤亡比例如此之大。”因此，军官群体所获得的特权不一定会引起士兵们不满——只要那些特权不会破坏军官们照顾士兵的社会责任，而这所谓的照顾往往都是些微不足道的小事，比方说记得某个士兵的生日、询问其家庭生活，以及尽可能改善士兵的伙食，等等。

“斯巴达式”：监管者

卡莱尔和雅典模式本质上都是个人主义领导模式，前者认为领导力是天生的，后者认为领导力是后天培养的，但斯巴达模式却不遗余力，甚至有些走火入魔地鼓吹集体主义，亦毫不掩饰其自然主义态度：领导能力的确是许多斯巴达人天生拥有的，但为了社会的共同利益必须对其加以约束，且必须在集体主义框架下对其加以改善。此外，只有通过同样的领导系统对追随者进行培训，让他们服从监管者的领导时，领导力才有可能得到充分有效的发挥。该监管过程在婴儿出生时就开始了，由一个长老会对每一个婴儿进行评估，把那些被定义为“软弱”的婴儿留在泰格托斯山的山坡上过夜，把他们的生死交给命运。

斯巴达人把年龄在7—18岁的男孩们送到阿高盖（*agôgê*，字面意思是“抚养”，类似饲养动物），该机构集教育、社会化和军训为一体，将男孩子们变成合格的勇士。斯巴达教育的内容很少包括省察式学习，最重要的是培养对国家的忠诚。教育那些男孩子的首要目标是建立一支忠诚尽职的军队，13岁时，他们要接受一位义忍（*irens*）的指挥，后者是一些20岁的下级领导者，培养其指挥经验的目的正是在大批勇士中注入斯巴达式领导特质。少年们还必须经历一段“隐藏期”，那段时间他们须到乡下去独自生活，或在自我管理的小团队内生活，还要参与杀死斯巴达奴隶的行动，那些奴隶有的被认为过于强壮，有的可能怀有领导的野心。18岁时，一组人会被挑选出来加入精锐的皇家卫队，再从那里走向正式的军事领导职位，不过军事训练一直要持续到30岁才会结束。但在斯巴达，就连忠诚也有着一种集体主义而非个人主义的倾向：每年一度选出的民选五长官——监督人——宣誓支持双王，但条件是双王必须维持法治。因此，如果某一位斯巴达国王坚持领军作战（他可以这么做），民选五长官中的两位长官将始终伴其左右，并向国内汇报其言行操守。

明显参照了选择领导并将其集体化的斯巴达式做法、距离我们更近的例子，恐怕就是希特勒青年团的各级组织了。特别是在各所阿道夫·希特勒学校里，德国男孩们要在战场上和家乡接受领导力训练。1921—1925年出生的德国人中死于战争的比例为三分之一，但曾在阿道夫·希特勒学校受训的人有50%命丧沙场。到1935年，年龄在10—18岁之间的所有德国人中，有一半都是希特勒青年团团员，1926年出生的人中入团的比例高达90%。事实上1939年以前入团还是自愿的，但很少有人拒不入团。希特勒青年团采取军事化组织，包括由150人的群体组成的分部一直到由10名男孩组成的少年团小组（女孩组成的叫少女团小组）。“青年领导青年”是希特勒的口号，不留任何盲点：单1934年一年，就有12 727名希特勒青年团（14—18岁）领袖，24 660名少年团（10—14岁，女孩子组成的叫作少女团）领袖参加了287次领导培训课程。上完这些包括体育和军事训练及意识形态洗脑的课程之后，这些年轻领导者会领取关于如何领导追随者的手册，其内容详尽，每节课都包括导言、歌曲和课文。不允许有任何讨论或分歧，但最重要的经验似乎是周末营和夏令营，那些短期训练营积极进行社团建设，通常是确保12岁以上的每一个孩子都能轮流领导自己的少年团小组或少女团小组。“那样一来，”一个男童学校的一位教职工写道，“他就能够学习发号施令，并在潜意识中获得自信的力量，要想命令他人服从，这是十分必要的。”成功完成了少年团和希特勒青年团的训练之后，会有少数人入选某所奥登斯堡（党卫军学校），这些学校将斯巴达精神奉为圭臬。“我们这些培训青年领袖的人希望看到的，”一位培训教师在1937年说，“是一个以那个古希腊城邦为榜样的现代政府。选出人口中最优秀的5%—10%来治理国家，其他人则必须工作和服从领导。”然后，这些未来的领袖会在福格尔桑党卫军学校学习一年的“种族哲学”，继而在克罗辛茨学习一年的“人格培养”，最后在松特霍芬学习一年的行政管理和军务。在1935年的结业会操上，纳粹党组织部长罗伯特·莱伊①说：

> 我们想知道这些人的心中有没有领导的主人翁意志，简言之，就是统治意志。纳粹党及其领袖们必须渴望统治……

① 罗伯特·莱伊（1890—1945），纳粹德国政治家，1933年至1945年任德国劳工阵线领导人，在纽伦堡审判中自杀。

> 我们乐于统治，不是为了成为暴君或在施虐的专制政权中获得快感，而是因为我们坚定不移地相信，不管形势如何，只有一个人可以领导，也只有一个人能够负责。权力当属于那一个人。
>
> （引自诺普，2002）

在纳粹看来，这最终的“一个人”当然就是希特勒，随着战争的深入，希特勒开始日渐背离纳粹的集体主义核心以及战前德国鼓励下属发挥主动性及领导者与追随者相互反馈的军事理念（任务式指挥），这极大地加速了希特勒的溃败。例如，显然，在1939—1941年入侵波兰、西欧和苏联期间，希特勒与将军们进行过多次谈话并倾听他们的意见，虽然他并非总是采纳他们的建议。希特勒只有一次亲自干预过入侵波兰的行动，还被冯·伦德施泰特驳回了。然而当入侵苏联的行动在1941年冬受挫之后，希特勒开始“亲自过问”武装部队的大小事务，也不再倾听将军们的意见了。于是随着战争的推进，希特勒与下属的对话变得越来越单向，他接收到的信息不再来自建设性的反对者，而是来自破坏性的赞同者。也就是说，随着独立思考的人被排除在顾问圈外，他收到的建议的质量急剧下降，以至于他所能听到的建议只剩下那些下属认为他想听到的，而不是他需要听到的。

与此相反，“二战”开始时任职于海军部，且因为某一位塔尔伯特上校不同意他的反德国潜艇战略而将其开除的温斯顿·丘吉尔，却在担任首相之初招募了很多就他所知最独立的自由思考者。因此，他邀请了厄内斯特·贝文加入战时内阁并担任劳工及国民服务部长，此人曾是1926年大罢工的领袖之一，而丘吉尔镇压过那次大罢工。确实如此，他甚至与自己最痛恨的两位政敌张伯伦和哈利法克斯伯爵共事。在军事领域也是一样，虽然他与艾伦·布鲁克意见不合是人尽皆知的，两人常常争论得面红耳赤，但丘吉尔仍然把他留下来，因为丘吉尔知道，只有这样的人才有勇气和不屈不挠的独立精神提供他所需要的逆耳忠言。这种独辟蹊径的领导力学习法就是第四种学习模式——卡尔克斯模式——不可或缺的重要元素。

卡尔克斯式：实践社团

第四种领导力学习方式，即卡尔克斯式是后天培养的观念加上集体主义倾向。事实上，它指出领导者既非无所不知也非无所不能，因此领导力必须在整个组织分布开来；此外，这样一种深入或分布式领导是可以通过培养习得的，它能够获得社会支持，我们也不需要仅仅依赖“天性”来让领导力走上正轨。这一观念还声称，参与社会实践是人类学习的基本过程，因此学习是一项集体或社会活动而不是个体活动。的确，正如温格所说，学习事实上是通过一种“实践社团”发生的，在该社团中，参与社会实践构成了一种社会化社团，并因而构成了一种可以被领导的社会身份。

有史以来，人类组成了各种社团，将集体知识积累起来

> 形成社会实践——实践社团。部落就是个早期的例子。更近代的例子包括中世纪对行业加以管理的行会，以及共同确定某一特定研究领域内的有效知识的科学社团。不那么明显的例子包括地方园艺俱乐部、病房内的护士、街头流氓团伙，或者定期在咖啡厅里集会、分享经验、互通消息的一群软件工程师。
>
> （格林特引用温格，2005：115—116）

然而实践社团的成立并不仅仅因为物理距离接近，还必须由参与者“共同参与”，否则“社团”就不会发展成为“实践社团”。此外，实践社团并非只有亲密友爱的乌托邦理想，它的本质定义是共同实践和集体智慧，而不是和谐的关系。

我还想指出，一般人总是想当然地对这一关系加以臆断，但其实是追随者教会了领导者如何领导。事实上重要的不仅是经验，还有省察的经验。大多数父母学做父母也体现了这一逆向学习方式：孩子们教会了他们如何做父母。或者正如杰拉尔德·曼利·霍普金斯[①]所说，“儿童为成人之父”。霍普金斯或许意在暗示男孩最终总会成长为男子汉，正如一粒橡子总会长成橡树。但我想在这里提出一个不同的解读：孩子们教会了自己的前辈如何成为父母。

虽然有很多关于育儿的书籍，但大部分探讨如何做父母的书

① 杰拉尔德·曼利·霍普金斯（1844—1889），英国诗人、罗马天主教徒及耶稣会神父，去世后在20世纪声誉大增，成为最负盛名的维多利亚诗人。

籍只能源于“育儿”经验。毕竟，只有在自己的孩子身上尝试过之后，你才会知道别人的方法是否有效。理论上，父母都会教育孩子要做个好孩子，但后者当然有办法对大部分这类良好建议置之不理。如若不然，天下的父母就不会发愁孩子捣乱、坐在超市的地板上耍赖，也不会有青春期的孩子去尝试酒精或毒品，没有人深夜不归，或者房间乱得像刚刚被打劫过似的。既然这些时常发生，父母占据的资源优势（体能、语言、法律支持、道德要求、零花钱来源、禁止外出的威胁等等）的效果就相当有限。因此，关键问题是，父母必须通过倾听孩子的声音并对其做出反应来学习为人父母之道。事实上我们都是从自己的孩子身上学习如何做父母的：刚出生的婴儿觉得我们抱的方法不对、让他们不舒服了，就会哭，我们会调整姿势；他们饿了会哭，让我们喂食；他们累了会哭，让我们拍着睡觉。每次——是事实而非假设——我们做错了（或者他们觉得我们做错了），他们都会通过啼哭、挣扎、生气或者随便什么方式让我们知道。当然，我们随后必须自行决定怎么做，是“教训他们”学习一点儿自控或是其他什么，但这些是否奏效不光是我们说了算，我们往往必须通过这一不断变化的关系来协商妥协，最终找到自己的育儿方式。的确，虽然经验有时能让育儿变得容易一些——孩子越多就越好带，但情况不一定如此，或许因为每一个孩子与父母的关系都截然不同，以及/或每一位新生的孩子都会改变以前的亲子关系模式，以及/或因为有些人的学习过程就是比较困难。

这里最重要的问题或许是父母在何种程度上从孩子那里获

得反馈。在父母-子女相对还算对称的关系中，还有可能是父母学到的最多。换句话说，当孩子被父母压制——或者相反——时，关系双方的任何一方都绝不会学到很多或日渐成熟。确实如此，很多父母能够较为出色地完成极难的任务，原因之一或许就是孩子的反馈往往比成人追随者或下属更加开放和诚实：如果父母的做法“不当”——这是由孩子而不是由父母界定的，孩子的意见很快就会传到父母的耳朵里。这一点在蹒跚学步的孩子身上就很明显，他们说话之坦诚，可能会让人难以忍受，此外每当我们遇到那些雷厉风行的领导者的孩子时，也能强烈地感受到这一点：他们的孩子们似乎往往能对他们直言不讳，说的话是我们这些可怜虫下属们连想都不敢想的。如果把这一学习模式映射在领导力上，其含义就是，虽然领导者都觉得自己在教导追随者如何服从，但事实上教导的主要工作是由追随者们完成的，领导者大部分时间都在学习。这样一来，我们不妨把杰拉尔德·曼利·霍普金斯的话改写成：“追随者乃领导者之师。”

总会有些领导者学不到，有些追随者教不了，此事不可避免，但领导力的秘诀之一很有可能并非一串天生的技能和胜任素质，或者你有多少领袖魅力，或者你有没有愿景或实现该愿景的战略，而是你是否有能力从追随者那里学到东西。那种学习观念无疑是深嵌在领导力的关系模式之中的。我还想指出，不对称的问题对于成功的领导也至关重要。也就是说，一旦领导者和追随者之间的关系无论在哪一个方向上是不对称的——软弱/不负责任的领导者或软弱/不负责任的追随者，那么组织的成功就可能无以为继，因为双方能够得到的反馈和学习微乎其微。事实上，学习与其说是个体认知事件，不如说是一个集体的文化过程。

如上文所述，这一从下属那里学习如何领导的问题并非什么新奇的异想天开，事实上自古典时期以来，它就一直是领导力的一个明显特征。例如在希腊神话中，特洛伊战争期间，忒斯托耳（阿波罗的一位祭司）的儿子卡尔克斯是迈锡尼国王阿伽门农手下的预言家。阿伽门农想保证自己获胜，就找到了特洛伊人卡尔克斯。于是卡尔克斯来到德尔斐神庙，宣称希腊人要想胜利，必须要让阿伽门农付出巨大的代价：他得献出自己的女儿伊菲革涅亚，这场战争要打十年，且除非阿喀琉斯为希腊人而战，否则就无法保证他们获胜。于是阿伽门农不得不相信一位特洛伊人——他昔日的敌人——的话，因为他无法信任自己"天然"的盟友希腊人提供的信息。

这样一来，这种"卡尔克斯式"方法就超越了领导力学习最致命的弱点之一：用建设性异议取代了破坏性赞同。我的意思是，既然没有哪一个领导者拥有足够的知识或权力实施高效的领导，那么领导力就必然是集体事务。然而，随着领导者在组织等级阶序中步步高升，周围往往会聚集一群马屁精——那些不折不扣的"唯唯诺诺之人"在反馈中只会奉承而根本不知诚实为何物。相反，组织要想获得长期的成功，就需要建设性的反对者——那些能够且愿意为正式领导者提供可能会令后者心中不悦，但要想学会如何领导就必须倾听的反馈。阿伽门农的问题就在于，只有非希腊人能够提供这样的建议，而那恰恰从一个角度

通往智慧之路

通往智慧之路？——嗯，这不难

也很容易表达：

犯错

犯错

再犯错

但少一点

少一点

再少一点。

图13　通往智慧之路

凸显了领导力学习的一个核心问题：它需要那些愿意远离关注焦点的人，既避免卡莱尔等人喜欢的个人英雄主义领导模式，又能为正式领导者提供相反的意见，拒绝被正式领导者的权威震慑，将社会或组织的需求放在个人需求之前。因此，他们发挥的作用在很多方面上来说都是“英雄主义的”——这种方法更加接近于某些美洲印第安人所采纳的领导力模型。

如此说来，问题不是“组织该如何找到一位不犯错误的领导者”，而是什么样的组织能够生成一个支持框架，防止领导者犯下无可挽回的错误，确保组织能够从错误中学到经验，毕竟，人孰无过。不是“应该让谁来领导我们？”，而是“我们想要建立一个什么样的组织？”以及“该如何建立这样一个组织？”。失败是学习的必要组成部分这一信条还表明，我们应该把领导者置于麻烦的局势中，让他们有必要担风险、有可能犯错误、有动力学东西，方能发展成为合格的领导者。或者正如那句俗语所说：“良好的判断力来源于经验，而经验则往往来自错误的判断。”（此话的原创者众说纷纭，包括马克·吐温和弗里德里克·P. 布鲁克斯[①]）那么我们是否必须设计更多的机会让失败成为领导力学习中的一个环节呢？图13中皮亚特·海恩[②]那首出色的诗作和漫画，或许最能抓住这一方法的实质。

① 弗里德里克·菲利普斯·布鲁克斯（1931— ），美国软件工程师、学者，1999年图灵奖得主。他曾任IBM公司系统部主任，著有《人月神话》一书。该书被视为软件工程的重要书籍。

② 皮亚特·海恩（1905—1996），丹麦数学家、发明家、设计师、诗人和作家。

第五章

领导者是谁？

THWαMPs

根据格拉德韦尔的说法，美国第29任总统沃伦·哈定也被公认为美国历史上最糟糕的总统。他在任三年一事无成，而且威廉·G. 麦卡杜参议员曾说，一般来说，哈定的讲话就是“一大套华而不实的辞藻游移不定地找寻一个落脚的主旨”。哈定离职后，人们发现他在职那几年没少过丑闻和腐败，然而他在任期内却一直颇受欢迎。格拉德韦尔指出，这跟一个普遍存在的倾向有关：人们总是忍不住根据自己对某人的体格和性格的第一印象来判断他有无可能成功。由于哈定是一位高大英俊（T&H[①]）的原型领导者，又是一个自信（虽不无空洞）的演讲者，人们自然而然地会觉得他能够成就一番伟业，就像我们常常把组织的成功归于个体领导者，但他们通常提不出什么证据表明这一相关性能够真正代表因果关系。事实上，体格和归属判断之间有着很强的相关性。例如，格拉德韦尔自己在对财富500强公司进行分析后发现，

① T&H，“tall and handsome”的首字母缩写。

大部分CEO都是平均身高稍低于六英尺的白人男性。事实上将近60%的人的身高不低于六英尺，而在其他美国成年男性中，这样身高的比例只占15%。那么我们可不可以首先断定，大部分西方领导者似乎都是高大英俊的白人男性，也就是THWMs[①]呢？

倒也未必。虽然人们普遍认为身高对领导者所获的评价起到重要作用（越高越好），也确实有不少矮个子领导者。例如，本-古里安[②]身高五英尺（1.52米）；亚西尔·阿拉法特、圣雄甘地、金正日、侯赛因国王、尼基塔·赫鲁晓夫和德米特里·梅德韦杰夫都只有五英尺三英寸（1.6米）；而女王伊丽莎白二世、佛朗哥、海尔·塞拉西[③]、西尔维奥·贝卢斯科尼、昭和天皇、尼古拉·萨科齐、斯大林、T. E. 劳伦斯和霍雷肖·纳尔逊也都不到五英尺六英寸（1.67米）。另一方面，美国一直以来的研究表明，身材较高者的收入也高于身材较矮者——2007年，身高增加一英寸与收入增加1%存在正相关，肤色较浅者的收入也要高于肤色较深者。

尽管如此，重要的女性领导者打破男性主导模式的例子也历来不少。例如在本书撰写期间，联合国192个成员国中就有23位女性国家元首，何况早在公元前3000年就有女王统治埃及了。然而这些往往是例外，而例外的存在，恰恰证明了无论时空如何变换，男性主导始终是基本规则。

那么如今看来，都是些什么样的人物在做领导者呢？卡普兰

---

① THWMs，“tall handsome white males”的首字母缩写。

② 戴维·本-古里安（1886—1973），以色列第一位总理。

③ 海尔·塞拉西（1892—1975），埃塞俄比亚的国王（1928—1930年在位）和皇帝（1930—1974年在位）。

的分析指向了一个更加脸谱化的模式——CEO们不光是THWM，还是典型的雄性领袖：好斗、高效、坚韧、拥有特权且毫不妥协。这样一来，我们就可以把缩写词改成享有特权、高大英俊的白人男性领袖了，也就是THWαMPs[①]（倒是比THWMs好念一点儿）。然而卡普兰的数据源是私人股权公司的CEO们……看来也就是在我撰写本书期间陷入金融灾难的那个领域。或许这一人格类型能够解释为什么，按照安德鲁·克拉克的说法，在全球最大的保险公司AIG（美国国际集团）接受了美国政府850亿美元防止破产的紧急救助贷款（2008年9月17日）五天后，该公司全体人员竟花费了44万美元在加州的一家顶级海滨度假村休假一周。或者如众议院监督和政府改革委员会主席亨利·韦克斯曼2008年10月8日对时任莱曼兄弟公司CEO的理查德·福尔德所说："你的公司破产了，我们的经济也陷入危机。但你还有4.8亿美元。我要问一个最基本的问题：这公平吗？"第二天，AIG又收到了美国政府378亿美元的追加贷款；那一定又是一场盛大狂欢。事实上狂欢一定至今未停：1999年，英国CEO与员工的收入平均比例从47倍上升到128倍，利洁时公司CEO巴特·贝希特高居榜首，达到了1 374倍（贝希特2008年的收入为3 700万英镑，而这家总部位于斯劳的跨国公司的雇员平均收入为26 700英镑——相当于英国的平均水平）。贝希特倒也不必担心自己木秀于林：2007/2008年度，富时100公司中前25家公司的董事平均收入均超过了1 000万英镑（数据引自

① THWαMPs，"tall handsome white alpha-males（of）privilege"的首字母缩写。

《卫报》）。

所以我们这里真正需要关心的不是公平与否的问题，提出公平问题的言外之意可能是，与公司资源相比，平等对待追随者才是领导者成功的要诀。那显然不是事实。历史上残忍暴力、奴役剥削以及许多其他“不公平的”领导者通过狰狞恶毒的行为获得成功的例子比比皆是。或许论证要从两个方面来进行。第一，只有在与公平有着文化关联的情境下，公平才是评价领导者是否合适的一个标准。在危机时期，例如在战时，大多数追随者大概会觉得生存比公平更重要。然而2008年10月，当全球股市遭遇金融危机时，以前人们关于公司成功比公平重要的论断发生了逆转，美国国会之所以迟迟通不过救市方案，原因之一就是人们认为这不公平——不该偏向据称不惜损害纳税人利益的肇事方，即银行家，还指望纳税人替银行家们自己犯下的错误买单。第二，回到本书第二章的论点，我们或许能够看到，有效的领导类型取决于（1）当前提出要求的局势如何，以及（2）某些领导者在架构和重构局势时有多大的说服力，以便在呼吁多方采纳他们本人提议的行动时，起到一呼百应的效果。

在许多国家，公平往往跟多样性有关，而就在大多数这类国家中，顶层精英多样性水平的标志又往往是——多样性。例如，《观察家报》2008年10月进行的一次民意调查要选出英国100位最有影响力的黑人，评选委员会看似避免了老套的提名程序，以防名单里充斥着黑人歌星和体育明星。相反，评选的依据是他们的“影响力”，其定义是：“改变事件走向和改善人们生活的能力。”男性中排名最高的是穆罕默德·易卜拉欣博士，这位创业企业家为将手机引入非洲做出了无可匹敌的贡献。而女性中排名最高的是斯科特兰女男爵，她在学校期间，曾有一位职业发展顾问跟她说，她职业生涯的顶峰差不多就是当上森宝利公司的主管。她后来成为英国第一位担任王室法律顾问的黑人女性，2007年又成为第一位女性总检察长。正如在该名单男性中排名第五位的英国平等及人权委员会主席特雷弗·菲利普斯所说：

> 必须证明少数民族社区中有人在公共生活中发挥重要作用，随时愿意承担起整个社会的部分责任，而不仅仅是狭义地关注少数群体的利益……人们有两个刻板印象：愤怒的男黑人和苦难的女黑人，事实上我们大多数人不属于这两类中的任何一类。如果人们不再觉得黑人就应该被归于这两个脸谱化的类型，他们或许能够透过表面，也就是肤色，看到每个个体的内在特点，而不是将他们归于某一个类别。这种思维练习能够有所助益，必将让很多人的生活发生重大改变。

在当时由巴拉克·奥巴马主掌白宫的美国，2008年有色人种占总人口的三分之一，或34%。但谈到最高职位的政府官员的比例，比如国会议员，只有15%是非裔、拉丁裔、亚裔美国人或印第安人，只有24%是女性。非营利组织的情况也大同小异，84%的非营利组织是由白人领导的。此外42%的非营利组织只为白人社区提供服务。过去我们受到的教育让我们以为，这个问题事实上最好以历史视角来看待——显而易见，西方领导者过去一直是白人男性，但这一点正在发生改变，虽然改变的速度很慢，但在不久的将来，我们定能看到管理精英群体的组成体现出更大的多样性。但这并非不言自明的事实。

合作资产管理机构2009年进行的调查表明，富时350公司中只有3%的公司CEO为女性（只有四家公司的董事长为女性，占1.3%），有130家公司的董事会层级没有女性。的确，女性在董事会席位中的比例只有9%，但这不可能是因为缺少平等机会政策，因为94%的公司都出台了这类政策。2008年，女性在300家顶级欧洲公司中所占的董事会席位只有不到10%，但过去几年我们看到这个数字有少量增加，不是因为多样性政策的稳步推行，而是另有原因；举例来说，挪威的公司（自2003年起）有立法要求，法律规定每个公司的董事会必须有至少一名女性成员。事实上，挪威目前正在所有上市公司中推行40%的最低目标。斯堪的纳维亚国家在性别平等运动中领先，但欧洲其他国家还有一定的差距。

在美国，专业和管理岗位中有一半是女性，但在这句肯定性别平等的笼统陈述背后，可以看到一个熟悉的规律：女性往往在慈善组织和公共部门中的代表性更高，而考察的级别越高，能够看到的女性就越少。例如，财富500强公司中只有15位女性CEO。

当然，大多数公司董事会的女性人数不足与其说源自男性的偏见，倒不如说与这样一个严峻的事实有关：女性在董事会中所

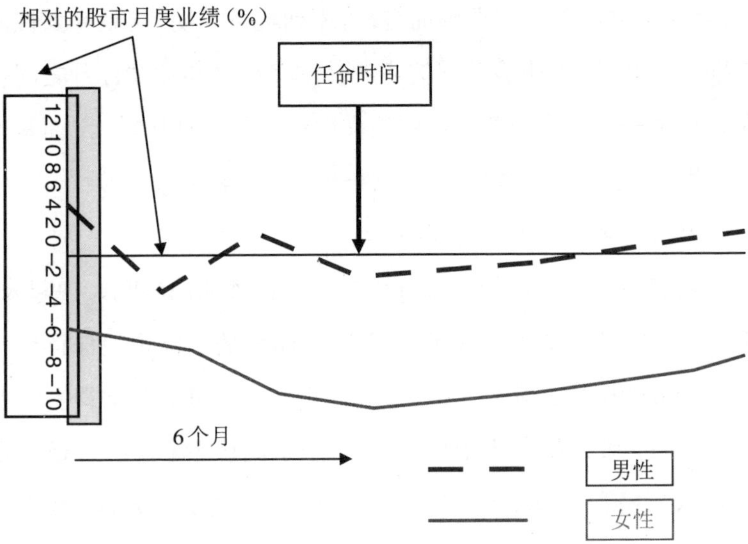

图14　董事会中的女性与公司业绩

占比例与公司的财务表现偏弱之间存在相关性。这的确有可能是因为男性更胜任会计工作——不过我很怀疑这种说法——然而不管有多少家会计公司（英国的会计人员数目大大超过其他主要竞争对手；美国的律师数目也远超别国），它们似乎都没能帮助许多公司在2008年的金融危机中绝处逢生。相反，我们应该关注“相关性”这个词，把它与“因果关系”区分开来，因为在这里，因果的方向至关重要，如图14所示。

此图表明，相对于男性获得任命的一般情况而言，只有现状糟糕得多时，女性才会获得任命——这就意味着女性面临的任务要艰难得多，也意味着我们可以在较差的业绩与女性之间建立相关性——但事实是业绩差导致了女性得到任命，而不是相反。的确，就任命之后的公司业绩而言，许多研究都表明，男性和女性的差别微乎其微，但也有些研究表明性别多样性与业绩提升之间存在正相关——至少当董事会中的女性能够胜任时是如此；而基奥恩还提到，由于过去数千年来女性一直受到排斥，关于领导者，她们会提出一套全然不同的问题。

我们该怎样应对领导者群体缺乏多样性的问题呢？说起来，那要取决于你站在什么立场上。如果你就是一位希望保持现状的THWαMP，那么显然没什么可应对的。但如果你觉得有必要做出改变，那么还取决于你认为问题的根源是什么。图15再现了阿尔韦松和比林对性别不平衡问题的分类法。方框1代表认

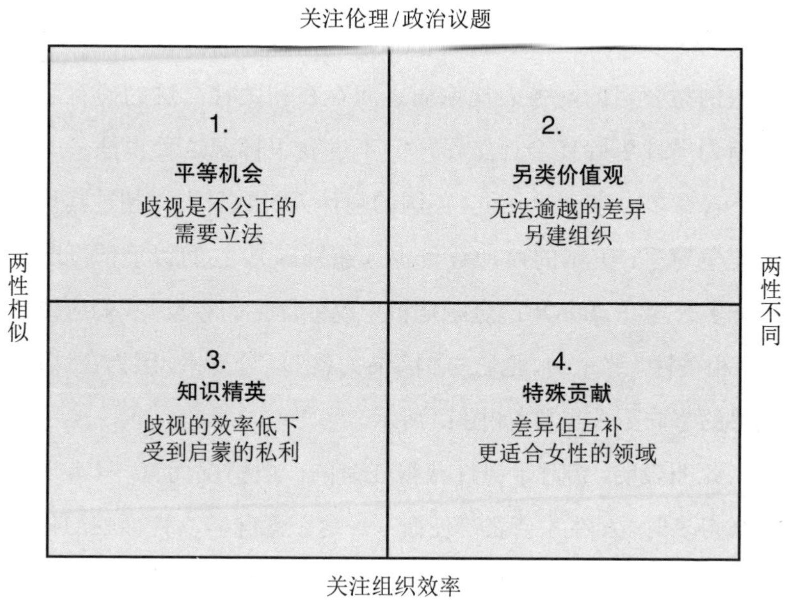

图15　性别：因与果

为两性没有差别，且出于伦理原因，应该改变现状的人。这往往会引发立法变革，如前文提到的挪威政府的立法。方框2持同一种伦理观，但认为两性存在着根本差异，因此立法变革不会产生什么成果。真正的解决方案应该是让女性创建另一类组织，的确，由于有些女性认识到在传统的男性主导的组织中，那层玻璃天花板无法突破，近年来由女性创立的新企业的数目确实看似有所增加。方框3认为两性基本上没有差异，但采取了一种效率而非伦理态度，认为既然如此，就应该采纳知识精英领导的做法，以免“浪费”女性的天分。最后的方框4是一种倾向于效率的态度，但认定两性存在差异，且关注女性如何能够为组织做出“特殊贡献”。

现在关键是要认识到，问题的解读与解决方案之间存在联系，因为它解释了为什么人们会提出不同的变革策略，以及如果这些策略失败了，为什么反对者会试图重新架构问题，将其归于不同的类别。事实上，我们不认为男性和女性之间存在很大差异，因为两性在一般的智商测试中的结果，以及性格特质，都没有明显差异，甚至西欧和北美的女性往往还比其男性对手的成绩更好。至于该如何解释业绩差异，似乎最重要的其实是不对称的家务负担、性别歧视以及先入为主的性别设定等现实原因，还有男性建立的工作网络较强，更能确保其获得更有挑战性的职位并取得更好的业绩。实际上，人们认为女性（其社交网络往往强于男性）作为领导者要比男性更有同情心——如果真是如此，这一行为特征又被认为没有男性领导者被普遍认为所具备的积极进取特征那么有力。当然，有些女性领导者也会采纳一种更有冲劲的风格，但这些行为往往又被看作“不得体”。无论如何，女性在取得成功的路上总要面对各种各样的困难和障碍。

当然，这也给了有些人足够的理由在事后宣称“我说的没错吧”，因为我们似乎总是在顷刻之间做出关于领导者及其战略的决定，因此如果支持他们而他们后来又成功了，对呀，我们早就知道的嘛。而如果他们失败了，那就一定是情况发生了变化，一定有人搞破坏，或者其他什么借口。这倒也不新鲜。已经有不少证据表明，对领导者做出即刻判断（不管正面还是负面）非常普遍。美国军队在第一次世界大战期间选拔军官的根据也是同样的套路：被认为有吸引人的特质——要么是无可辩驳的THWαMP类，要么只不过有“开朗可爱的性格”——的申请者被认定为更聪明、更勇敢也更（得体地）积极进取。或者正如爱德华·李·桑代克[①]所说，一见之下就会产生“光环效应”（或者说那些魅力稍逊的应征者有“魔鬼效应”），这扭曲了人们关于其整体性格和潜力的推断。

不妨考察一下如何将胜任素质模型套入上述情形。许多胜任素质模型的架构都建立在对现有领导者的胜任素质进行分析的基础之上，然后再把它们精炼成一目了然的清单，再围绕所需的胜任素质框架制定聘用方法。但看看这个过程吧：它利用现

① 爱德华·李·桑代克（1874—1949），美国心理学家，心理学行为主义的代表人物。他从研究动物的实验中领会到它们的学习过程，提出了自己的联结主义理论：刺激（S）–反应（R）公式。他被认为是教育心理学的奠基人，著有《教育心理学》（1903）。

有的一群领导者，把他们的成功归于据称对成功起到重要作用的胜任素质。你八成已经看出来这里面有循环论证的嫌疑了吧，没错。真正需要做的，是把成功和不成功的领导者群体，或领导者和追随者群体进行比较，看看（成功的）领导者有哪些不同之处，再去追溯其与成功之间有无因果联系。否则，我们就不知道我们得到的是相关性还是原因。正如我们已经看到的，身为THWαMP可能与成功的组织相关，这当然可能是因为身为THWαMP是成功组织的前提条件，但也同样有可能是因为成功的组织只会雇用THWαMP。所以，我们须有十足的把握确信现有的胜任素质框架的确是成功（或失败）的原因，否则就要十分警醒，尽量不要采取这一途径。

如果已经有了能够反映人口构成的非常多样化的领导群体，就无须担心这个问题了——那就意味着多样化的组织将不断复制各自的偏见，因此多样性还会继续，但不会发生改变。不过，既然组织往往是由THWαMP领导的，我们可能还会看到下一代领导者中出现更多的THWαMP。这只是按照自己的形象进行选择，还是另有原因？

社会认同理论

如果考察一下社会认同理论的功用，或许能对另一种解释略窥一二。这一观点认为，我们一贯倾向于把其他人归为有利和不利这两大类，前者是因为他们支持我们自己的身份认同，后者则是因为他们被认为是异类。这种身份认同过程在个人和群体层面都存在，因此在某些特定情况下，我们会把某些个人看作是群体的代表，而不是独一无二的人。的确，个人身份“我”不可能离开社会身份“我们”而独立存在。该理论继而指出，一旦被归类，我们会认为内集团（我们）内部的差异要小于内集团和外集团（他们）之间的差异。此外，内集团的规范和套路（多半是有利的）会产生特定的对比标准，来确保自我提升。例如，住在破烂廉价公寓里的年轻姑娘们有可能会觉得超模们也不比自己强到哪儿去，而且根本无法在这样艰难的环境中生存下去——这样一来，该对比标准就重建了姑娘们自我提升的社会身份。

另外，整个过程产生了能够效法群体社会身份的**原型**并导致其成员**丧失个性**，他们因为看上去如此相似而可以互换：我们定能就与集团有关的事务达成一致，我们往往会支持新制定的集团规范，我们还认为群体的利益高于自己的个人利益。结果，“我们”认为自己都具备那些正面的属性，因而我们都一样，而对“他们”都持负面看法，在这一点上，“他们”基本上也没有区别。这有助于让我们对自身、对当前现状和自己可能的行为不至于那么没有把握，对“他们”也是一样。

这样的原型很少被如此明确地表达出来，因此无法指望人们把它们写成众人一致首肯的清单；何况时过境迁，随着情况发生变化，它们也会改变，如果群体成员身份变得更重要了——往往是在外来威胁面前，它们的重要性也会增加。对领导力而言，其后果是那些最接近群体原型的成员有可能最有影响力——只要情况保持不变，他们就会成为领导者并一直担任要职。既然这一影响力与原型而不是个人有关（虽然群体成员不这么看），那就意味着一旦情况发生变化，就会产生新的原型，而这又解释了为什么原型偶像会突然丧失影响力。例如在1930年代，很多英国人认为丘吉尔是个危险好战的特立独行者，但当英国遭遇威胁时，他就成了自我认知的原型人物的完美代表——一个在危险面前坚韧不拔的勇敢的英国人，因此他变得很受欢迎，很快便官至首相。然而战争一结束，他的性格——并没有改变——又被认为不符合战后世界领导者的要求了。对于战后英国来说，性格更加温和包容的克莱门特·艾德礼才是符合需要的原型领导者。

因此，原型性取决于情境的稳定性，尽管如第二章所述，任何领导者都可以将架构和重新架构"情境"作为自己的武器。不过，领导者们还是可以利用以下几种强化原型模式的技巧来延长自己对局面的控制：

- 强化现有原型——更像"我们"中间的一员，而不是代表某种"出众的"特质或表现得像"他们"中的一员。
- 找出并打击内集团的不轨之人——这是把建设性或非建设性异见重新架构为"叛徒"行为的做法。
- 将外集团妖魔化，以分散人们对内部问题的关注。
- 捍卫集团——彰显对内集团成员的宠信，而无须在集团之间维持公平。

这样一来，该领导者就有可能成为内集团的原型：

- 此人最能代表共同的社会身份。
- 此人能够代表内集团成员共有的相似性——将群内相似性最大化；并代表其与旗鼓相当的外集团的差异——将群间差异最大化。
- 此人让“我们”觉得自己不同于“他们”——且比“他们”优越。

2009年6月发生在伊朗的暴乱是很好的例子，表明这种观念如何解读领导者在受到胁迫时所做的决策。这还解释了在面对压力时，为什么“群体思维”（群体压制内部异见人士的倾向）在各个群体内部都能占得上风，以及为什么在较为稳定的组织和机构，少数派、非原型个人和群体很难突进领导岗位。

并非不可能，而是很难。事实上，当危机爆发时，原型领导者的地位通常得到了强化。例如，2008年夏，当戈登·布朗力图为后布莱尔时代的工党展示另一种愿景时，他作为英国首相的地位受到了严重威胁。但2008年秋金融危机一爆发，工党内部立即团结起来，寻找一个在金融危机时期最能满足要求的原型人物并寻求其保护，所有要替代他的想法都被抛弃了——当时最合适的人选无疑是戈登·布朗，这位前财政大臣的脸上始终都是一副严厉、负责而认真的表情。然而讽刺的是，九个月后，当议会内部报销丑闻爆发，同一位英国首相再次面临强烈反对时，他却未能履行财政“巫师猎手”的使命，因此当人们的不确定性减弱，便纷纷寻找替罪羊，解决方案当然是把所有的罪责都推到一个领导者——戈登·布朗身上。

但原型领导者的成功不只依赖于说服“我们”，让我们相信我们不同于且优于“他们”，也在于说服“我”和“你”成为“我们”。幸运的是，那对领导者们而言倒是不难，因为它并不依赖于对“事实”的理性分析，而是依据人们情绪化的且往往是无意识的反应。事实上，所要做的不过是本尼迪克特·安德森[①]所谓的“一点想象力”。他的意思是，既然我们永远不可能知道其他人到底像“我们”还是像“他们”，只需想象一种情形即可。这样一来，第一次世界大战战壕两侧的士兵们无论是在生活质量、收入、习惯还是其他方面，彼此之间都要比跟各自的领导者更接近一些，这一点就没那么重要了。真正重要的是“他们”显然跟“我们”截然不同，而那就把“你”和“我”变成了“我们”，其凝聚力足以让我们愿意与“他们”作战。

在英国和法国国家身份的建立中，这一点都发挥了重要作用，因为有足够的理由表明，革命的法国军队在拿破仑的带领下与惠灵顿麾下的英军作战之前，大多数英国国内的人会认为自己是英格兰、苏格兰、威尔士或爱尔兰人——而不是英国人。同样，“法国人”或许觉得自己是布列塔尼人、诺曼底人或者各自故乡随便什么地方的人——而不是法国人（确实如此，当时法国境内的大多数人不说法语，而是说某种地区方言）。然而，那场战争导致

① 本尼迪克特·安德森（1936—2015），美国著名学者，专门研究民族主义和国际关系，康奈尔大学荣休教授。代表作为《想象的共同体》（1983）。

两个国家彼此敌对，冲突促使拿破仑和惠灵顿走上了领导岗位，不仅成为作战将军，而且成为各自“新生”国家的原型人物。因此，我们在阅读那段时期的文献时，会看到两位原型领导者代表各自的国家展开了相互竞争。人们不认为拿破仑和惠灵顿是两个同样位居高位的个人，而把他们看成是两个死对头国家的代表人物——这两个国家正是在战争的严峻考验下形成的。以下形容性格特征的词汇表说明了这两个人和国家是如何逐渐被认定为敌对双方的。

惠灵顿	**拿破仑**
喜欢独处	喜欢与民同乐
顽固不化	富有想象力
后勤保证	战略先行
绅士	新贵
腐败渎职	天赋异禀
自由	平等
稳定	动荡
谨慎	冒险
将士兵视为“人渣”	将士兵视为“家人”
实用主义者	中央集权者
谨小慎微	志向远大

最后让我们回过头来重新考察本章开头提出的问题。在本章开头，我们讨论了沃伦·哈定是一个颇受欢迎但效率很低的领导者，以及产生光环的第一印象会让我们对领导者的解读发生偏差。那就意味着我们需要对微观领导的议题非常小心才是。这是指我们或许太过关注领导力的理性方面——愿景、政策、领导

者的经验——而不够关注领导行为的情感层面，即人们如何诠释很小的行为、话语、眼神、身体语言等等。当然，关于情商的著述堆积如山，对情商一词的解释也千差万别，但我们应该意识到，情商高的人并不比情商不高的人在道德上更优越。例如，希特勒就是操纵他人情感的高手，但这可没让他在客观上变得道德。何况正是因为情感是非常有力的动员因素，我们才应该对其重要性加以限制——毕竟，那是我们要生活在一个法律体系内，而不是任由某个暴君凭借自己的喜怒操纵我们的原因所在，对所有不喜欢暴君的人来说，他的情商再高，也只能是负资产。然而我们还是更喜欢那些能够记住我们的名字、能让我们感觉更亲切的领导者，而不喜欢那些连屈尊说一句“你好”都不肯，却有一套精细的政策来应对这个我们根本不懂的复杂世界的领导者。的确，他们一点儿都不像“我们”；他们更像“他们”。

第六章

领导者是如何领导的?

关于特质、斯克鲁奇和锦鲤

诸位或许还记得第三章中提到的被公认为第一位“现代”领导力学者的托马斯·卡莱尔和他的“伟人”观点。但既然这种观点的经验支持极其有限,理论依据又明显不足,为什么它至今仍有众多拥趸呢?毋庸讳言,原因之一就是许多人至今还在为复杂问题寻找简单的解决方案:当信贷紧缩开始破坏整个经济基础时,我们不去深入考察形势的复杂性,反而更想找到一个替罪羊(我们会在下一章再回来考察这种现象)。寻找英雄(及反派)还能让我们逃避责任,对领导者保持一种巨婴心态,这种心态很可能源自我们幼年时期与父母或类似权威人物建立的关系。

尽管如此,到第二次世界大战结束之时,为应对战时军队中军官选拔过程出现的问题,早期的特质理论有了一定的发展演变,开始提出不同于“伟人”理论的其他道路。这些早期理论指出,领导者拥有不同于非领导者的特殊素质/品质,这些似乎包括:

- 健谈;

- 聪明——但领导者和追随者之间的智商差异不能太大；
- 主动性和承担责任的意愿；
- 自信；以及
- 善于社交。

但没过多久，人们就明显看到，这些特质需要放在特定的情境之中，方能被认定为影响领导力的重要因素。的确，另一个明显的事实是，很多得出负相关结论的研究尚未发表，因而整个领域存有偏见。尽管每一项研究（跟当代的胜任素质模型一样）产生了明显不同的特质，人们仍然坚持想当然地认为，只要我们考察得足够深入，就一定能发现传说中的金奖券——那一串**真实存在**的特质。然而既然我们很少把成功和不成功的领导者放在一起进行对比，既然我们很少拥有无可争议的证据来证明领导者的行为对组织业绩提升起到了客观上可以衡量的作用，就仍然有两个问题亟待解决。

首先，对胜任素质的测试是客观的吗？例如，第二次世界大战期间，平民进入美国武装部队各部门服役之前进行的智商测试系统，就跟任何教育或其他智商测试一样漏洞百出——其结果表明经过测试的人中有四分之一是文盲，而一半白人和90%美籍非裔人士的智力年龄还不足13岁。由于那些测试包括像“斯克鲁奇是以下哪部小说中的人物：《名利场》、《圣诞颂歌》、《罗慕拉》还是《亨利五世》？”以及“哪一个术语被用于指代文艺复兴时期艺术的空间透视法？”这样的问题，我们可以确信，这些测试根本未能体现出很强的科学和文化客观性。但现实结果是一直到战争即将结束之时，大多数美籍非裔士兵才得以进入直接作战部队。

其次，到现在为止，我们甚至根本没有关注追随者。如果有一个根据特质来说天赋极高的领导者，但一群下属根本没兴趣追随该领导者，又当如何？于是就产生了另一个问题：特质表现为某一个人所持的资产，而领导力是一种关系。这有点像从商业水族馆中买来最好的锦鲤，但忘了家中根本没有水塘来养它。

行为/风格方法

就在盟军部队还在忙着罗列选拔军官的一长串特质的同时，库尔特·莱温①开始了一套实验，想看看领导者的行为，而不是他或她的特质，对组织成功有无任何影响。莱温本人就是从纳粹德国逃出来的。在其著名的“少年俱乐部实验”中，莱温总结道，一般来说，当独裁领导者在场时，少年们（追随者们）会服从他的领导，而当他不在场时，他们就会逃避劳动。相反，采取自由放任做法的领导者无论在场还是不在场，少年们都不会干多少活儿，而民主领导者无论在不在场，都能让（大致）一半少年富有成果地劳动。结论是，民主的领导者能在追随者中产生最高的满意度——但同时指出，效率最高的追随者还是在独裁者当场强迫下劳动的那一群人。

这种对满意度和生产效率的区分后来成为很多研究的基

① 库尔特·莱温（1890—1947），德裔美国心理学家，现代社会心理学、组织心理学和应用心理学的创始人，常被称为“社会心理学之父”，是群体动力学和组织发展研究的先驱。

础。密歇根大学的研究表明，领导者要么是**生产导向**——其追随者被看成是生产要素，是为达到某一目的所使用的手段；要么是**雇员导向**——其追随者被看成是一项关键的资源。俄亥俄州立大学对空乘人员行为的调查后来又再现了这一基本的任务/人员之间的二元对立（不过他们称之为“定规”和“关怀”），并得出结论，领导者能够同时进行两种活动，而不必做出非此即彼的选择。布莱克和莫顿[①]在其“管理方格”中很好地体现了这一二元对立，图16就重现了该管理方格。其中，领导者要么脱离

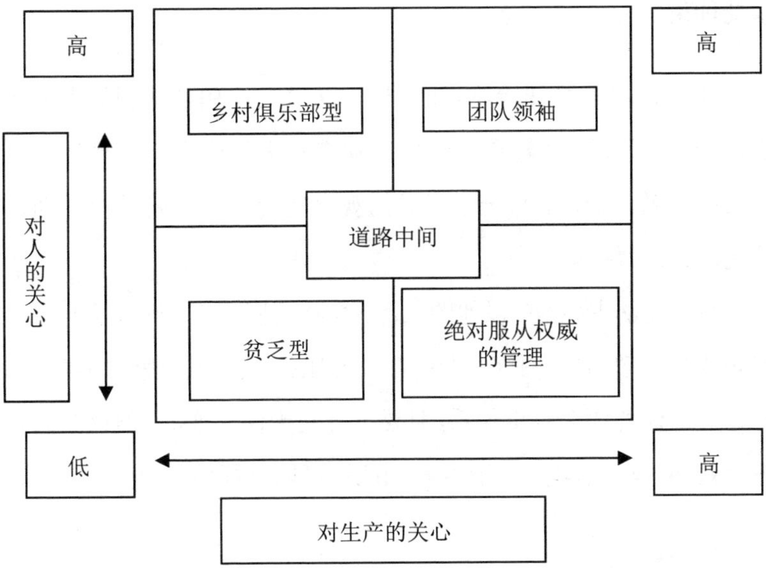

图16　布莱克和莫顿的管理方格

---

① 指罗伯特·布莱克（1918—2004）和简·斯莱格里·莫顿（1930—1987），两人在1964年出版的《管理方格》（1978年修订版改名为《新管理方格》）一书中提出了“管理方格理论”。

任务和人，体现出一种“贫乏型”风格；要么对人而不是任务表现出较大关怀——仿佛他们在领导一个乡村俱乐部，其存在的唯一目的是为成员谋福利；要么可能不顾及人的需求而只关注任务——这是一种绝对服从权威的管理风格；他们当然可以采取图表正中间的做法，或者最后一种，就是对任务和人同时表现出极大的关怀，采取“团队领袖”的工作作风。有趣的是，自1960年代中期问世以来，这一方格就颇受欢迎，但其关于团队领袖是可能的亦是最优的管理风格的关键假设，迄今还没有显著的实证支持。

权变理论

就在管理方格开始流行的同时，随着关注焦点从领导者的风格选择（任务或人）转移到情境能够在多大程度上决定哪一种风格实际有效，发生了另一个明显的观念转变——这就是权变理论的起源。

弗雷德·菲德勒[①]以他的“最不受欢迎同事”评价方法开启了这场变革，其保留了任务/关系的二元对立。菲德勒假设领导者们要么看重任务要么看重关系，且这一点是无法改变的，但该倾向是否有效，取决于情境是否有利。因此这可以进行如下定义：

- 领导者的**职位权力**——领导者评价和奖励业绩、惩罚错误并对群体成员进行降职处理的合法权限；

① 弗雷德·菲德勒（1922— ），美国华盛顿大学的商业和管理心理学家，20世纪工业和组织心理学首屈一指的研究人员之一。

- 团队任务的**结构**——完成工作的规则、条例和程序的数目和明晰度：结构越周密复杂，领导者就越能更好地把控；
- **领导者-成员**关系：要么积极，要么消极。

这些变量继而会生成有利、不利或中性的情境。

有利的领导情境包括：

- 任务结构周密复杂；
- 职位权力很大；
- 领导者-成员关系良好。

在此情境中，群体期待直接被告知应该做什么，而不希望被征询意见，因此任务导向的领导风格最为有效。

不利的领导情境包括：

- 任务结构零散混乱；
- 没有多大的职位权力；
- 领导者-成员关系糟糕。

在此情境中，群体也同样期待被告知应该做什么而不希望被征询意见，因此（仍然是）任务导向的领导风格最为有效。只有在中性情境中——也就是位处有利和不利情境之间，因而领导者有适度的权力、适度的支持和较为复杂的任务时——才有必要征询意见以确保被采纳，在且只有在这种情境下，关系导向的领导风格才最为有效。

那么当领导者们发现自己处在“错误”的情境中又当如何呢？这么说吧，由于领导者无法改变自身的倾向性——这是菲德勒的观点——他们所能做的只有试图改变情境。何以如此？为什么在有利或不利的情境下，追随者们需要的都应该是任务型领导呢？菲德勒的解释是，这一切并非都能解释清楚；的确有一个“黑匣子”在起作用，所以我们不知道何以如此，但事实的确就是这样。更合适的说法是，它在一定的限度之内有效：至少现在情境是人们的关注焦点，也就是说我们家里有养锦鲤的水塘，这就意味着，领导者或许很难在一切情境中都获得成功。但我们尚不清楚某种性格设定能否预测行为，遑论领导成功与否，而且我们看似仍然没有太过关注追随者的性质或其与领导者的关系。此外正如第二章所述，领导者之所以能够成功，部分取决于他们能够重新架构“情境”，令其看似不同，并因而可以作不同的解读。

赫塞和布兰查德[①]的“情境领导力理论”显然认可领导力中确实存在上述多个变量，但他们认为，领导者根本不可能处理这么多错综复杂的信息，因而应该关注最重要的变量——领导者与追

---

① 指行为科学家、企业家保罗·赫塞（1931—2012）和美国作家暨管理专家肯尼斯·哈特利·布兰查德（1939— ）。

随者之间的关系，因为如果追随者决定弃领导者而去，再说什么都是枉费口舌。这继而促使他们指出，领导者的行为应该根据追随者的成熟水平加以调整——后者会随着时间发生变化，且往往遵循以下轨道：

1）**无能力无意愿**——最不成熟：告知/指令型领导风格。

2）**无能力有意愿**：宣传/指导型领导风格。

3）**有能力无意愿**：参与/支持型领导风格。

4）**有能力有意愿**——最成熟：放权型领导风格。

实践证明，这是高管市场上最成功的领导力模型之一：它直观、简单而易懂，但它的问题同样是很少有实证支持它的有效性。一个原因是，这一模型意味着其所关注的追随者总体成熟水平有可能根本不存在；换句话说，追随者们所代表的成熟水平不一，不会仅仅反映为一个总分常模。另一个原因是他们并没有阐明其所谓的"成熟"到底是指什么——它跟信心、技能、努力、动机、顺从有关吗？如果是这样的话，这些变量的权重又各是多少？此外，我们这里使用的是谁对于追随者成熟度的解读：是领导者的，还是追随者的？领导者的（不）成熟又当如何——谁说他们跟这一等式无关了？

在"领导-成员交换理论"——这个术语最初的叫法更加魅诱："垂直对子联结理论"——看来，领导者无法跟追随者们建立一种"均衡"的关系，相反，他们跟不同的下属建立不同的关系，但随着时间流逝，这些关系可以分成两个明显的类别，每个类别都是通过领导者的初始行动而建成的。一是内集团，领导者会给他们更多的自治权，让他们更多地负责结构散乱的任务，如果集团对此反应积极，那么会有更多的互惠行动来确认这一集团的成员们就相当于行政长官的“代理人”。但如果领导者没有让其他下属看到同样的可能性，或者如果领导者认为他们的反应不够有建设性，那么久而久之，这些下属就会变成“外集团”，也就相当于“临时工”而非代理人。这一集团跟领导者的关系纯粹建立在合同（或交易）的基础上：他们到点出勤、工作敷衍、按劳领薪，回到家里就把工作抛诸脑后了。不过，虽说他们不用像内集团成员那样承担繁重的工作职责，他们对自己的就业前景却没有把握——因为他们将是最先丢掉工作的一批人。

同样，这一直觉观念迄今也只有极少量的实证支持，何况外集团成员的愤怒有可能会抵消领导者与内集团建立良好关系所带来的裨益。此外，如前一章所述，外集团很少能够代表与内集团的原型化相关的特征，虽然其建立往往会对整个组织的有效性起到反作用，但它事实上或许是群体的一种“正常”反应，甚至是社会生活不可避免的一个方面。因此对于领导者来说，成功的真正秘诀是不是既能绕开所有这些问题领域，同时又能把尽可能多的集团成员动员起来？

或许是吧，或许最复杂的权变方法就是与罗伯特·豪斯[①]的

① 罗伯特·豪斯（1936—2011），宾夕法尼亚大学沃顿商学院组织行为学教授。

途径-目标理论有关的方法。这里，领导者的任务是为追随者铺平通往共同目标的道路，他要清除路障，还要利用以下四种领导行为风格之一，来达到动员追随者的目的：

1）指令型领导，他们会传达自己的期望值，要求人们遵守规则，从而按照明确的业绩标准，按时完成任务。

2）支持型领导，他们会表达对追随者需求和福利的关怀，创造一种彰显相互支持和相互尊重的氛围。

3）参与型领导，他们会与追随者分享自己的决策权。

4）成就导向型领导，他们会设定较难实现的目标，期望达到很高的业绩水平。

相应地，领导者的影响力也取决于两套变量：工作环境（情境），包括任务结构、工作团队和授权体系；以及追随者，包括他们的能力水平（以及对自身能力的认知）、其对于独裁权力的态度、对归属感的需求、对结构的需求以及控制点（有强烈内控倾向的人认为自己能够控制事件的发展，因而更喜欢参与型领导；外控倾向较强的人则认为事件是由命运或运气等因素决定的，更喜欢指令型领导）。

该模型的因果解释源于期望理论，后者认为当以下三个因素确定时，激励是在努力程度给定时的一个理性选择：

1）完成任务的可能性（期望），

2）受到奖励的可能性（效价），以及

3）避免不理想结果的可能性。

在这种观点看来，任何领导者采用或综合采用任何风格都无关紧要——所以它不是一种特质方法，而是一种适应行为方法。不过，存在一种假定的倾向——大多数人都有其偏爱的风格，该风格有可能适合、也有可能不适合形势的要求。如果看到这里，你已经开始被这么多变量搞得晕头转向了，图17尝试以图表的方式说明得直观清楚一些。

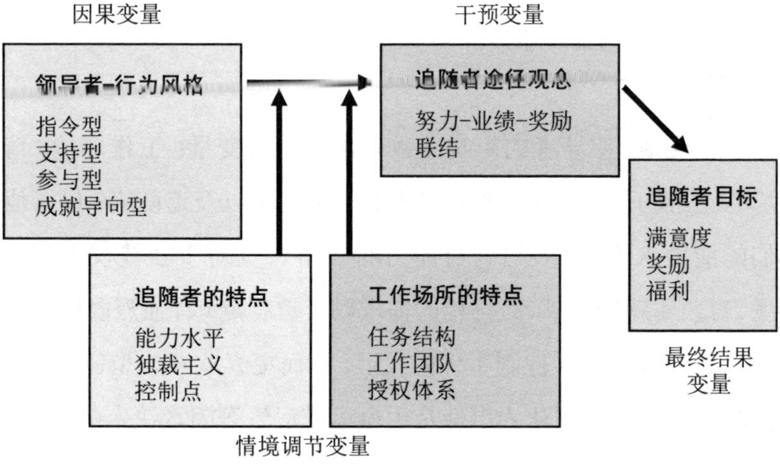

图17　途径–目标理论

所有这些表明，领导者的行为应该与追随者的要求和形势的特征相匹配，他或她应该选择适当的领导行为风格来帮助追随者实现其目标。因此：

- 模棱两可的任务需要指令型领导，以减少不确定性，并增加成果实现的概率和可取性；
- 压力重重、乏味无聊、沉闷冗长或充满危险的工作环境需要支持型领导，以提升自信、减少焦虑，从而增加成果实现的概率和可取性；
- 当追随者有被赋能的意愿时，需要参与型领导；以及
- 当追随者有较强烈的成就导向时，则适合成就导向型领导。

看起来这倒是相对直观——那么背后有什么隐患呢？这么说吧，有三重隐患。第一，这么多变量堆积起来，可能会让人对领导力的考察无从下手：即便我们能够获得客观的标尺来衡量其中的每一种变量，等到把数据收集完整了，情况很可能又变得面目全非。第二，即使这意味着可以在衡量人类行为时具备一定的客观性，我们似乎也很难客观。第三，事实上追随者希望从领导者那里获得的东西可能非常相似——他们希望被认可、被保护。问题是领导者——当然几乎每一个领导者在等级结构的不同层面上同时也是追随者——看到的是一个全然不同的“现实”。领导者往往认为完成任务是至关重要的，而且尽管领导者可能很关心追随者，但他们（因心系任务而始终采取）的寄望姿态仍然会被追随者看成是对自己漠不关心。讽刺的是，正是这些（对追随者）“漠不关心”的领导者，往往认为位于自己之上的领导者同样缺乏对追随者的关注。这一普遍倾向是否也能够解释为什么追随者们总是对魅力型领袖万分景仰呢？

魅力型领导

魅力是一种“天赐的能力或天赋”，其词源是希腊词语*Kharisma*，来自*kharis*，意为“天恩”或“恩惠”。事实上，大多数人如今都用这个词来指代某个非同寻常之人，其所拥有的某种品质或威信能够对很大一群人产生影响或给后者以激励。在就魅力问题撰写过重要文本的德国社会学家马克斯·韦伯看来，这些人的威信是大多数人无法理解的，也是非常罕见的。因此韦伯所写的魅力——我应该称之为“超凡魅力”——并不是指个性较强的人，而是指那些能够以某种神奇的方式将追随者们煽动起来的人。从本质上说，这是一种非理性的情感现象，其拥有者有一种“天命”，一种全身心投入某一目标的精神。那或许也能够解释为什么魅力型领袖大多是男人——因为危机时刻（该危机往往与某种战争有关）通常会更有利于那些掌控军队的人，那些人过去是、至今仍然多半是男人。至于人所共知的女性魅力领袖——例如布狄卡[①]、圣女贞德以及英女王伊丽莎白一世——也都与军事战斗有关。以圣女贞德为例，她不仅带领士兵在战斗中打败了英军，就连她的相貌也是男性化的。

韦伯将权力与权限加以区分，以此为魅力型领袖辟出了一块概念空间——权限在追随者眼中始终是合法的，但权力却不一

① 布狄卡（？—61），英格兰东英吉利亚地区古代爱西尼部落的王后和女王，其丈夫普拉苏塔古斯是爱西尼人的统治者。普拉苏塔古斯去世后，罗马人抢去了他们的土地，她自己受到毒打，国民要交重税，两个女儿更被罗马人强奸，因此她领导了不列颠诸部落反抗罗马帝国占领军统治的起义。

定——此外他还对三种不同的权限进行了区分。传统的权限是在追随者追随领导者时发生的，因为他们始终都会追随——或许君主的追随者最能代表这一类；理性-合法权限的最佳范例是官僚体系，其追随者之所以追随，是因为这样做是理性的，而不是因为这是他们一以贯之的做法；以及魅力型权限。而魅力型领袖之所以独一无二，是因为他们有能力吸引追随者，后者为此人的超验权力献身，因为它似乎有可能为某种社会危机提供某种激进的、前所未知的解决方案。事实上，韦伯举的例子几乎都是宗教领袖，他大肆宣扬他们的天命、宿命，这些都表现为各种神迹以及预言的兑现。在韦伯看来，魅力型领袖是"非强制性权限"的唯一形式——不过要说在天堂和万劫不复的地狱之间做出选择属于非强制性选择，这种想当然的说法也尚有疑问。此外，由于魅力是某个人内在气质的表现，它往往会随着那个人的死亡而消失，却能够通过某种制度而变成惯例，教会就是这样一种制度。

仅仅因为韦伯的魅力型领袖能够极大地煽动起追随者，并不意味着他们必然是革命的。的确，他们有可能是反动的，力图让社会回到某种过去的状态，但他们往往二者兼而有之——力图昨日重现，但这么做的途径却是创造一个全新的未来。关于主张变化的领导力，这里有着重要的教训。通常我们会想当然地认为，变化都是向前进而将过去抛诸脑后，但韦伯的论述表明，成功事关一种雅努斯[①]式的二者兼具的能力。以1933年德国大选为例。

① 雅努斯，罗马神话中的门神、双面神。

各保守党派重温昔日荣光，执政的社会民主党发起了一个类似于“那并不会让情况有所好转”的宣传，而共产党坚定地要将德国带入乌托邦的未来。只有纳粹党将三种视角合而为一：德国可以重现昔日荣耀，但不是回到过去，不是维持现状，也绝不是抛弃过去，去追求神秘的共产主义的未来道路。而必须把旧日的荣耀本质带入另一种纳粹描述的未来，从而拒绝现在，拒绝共产主义的未来，重现昔日。因此韦伯的魅力型领袖——他曾警告过魅力型领袖很有可能会破坏注重理法的德国现状——往往是保守的革命者，意欲“在危机时刻告别现在，重拾往日”。

支持者的这一情感奔涌还意味着领袖魅力能在深层次破坏稳定，其本身就是一种不稳定的力量。在某种程度上，追随者可以通过加入其领袖的组织，来分享他或她的魅力——虽然这会持续多久取决于该魅力型领袖能否继续为所欲为地实现令人瞩目的奇迹。想想政治领袖、名人、足球教练、电台主持人等，他们一时被拥戴为天赋异禀，一时又象征性地（有时还是真实的）被万众唾弃踩在脚下，就恰恰证明了这一特点。

另外还应予以考察的是，人们在遭遇巨大危机时，总是热切地相信魅力型领袖能救他们于水火，而当我们没有遭遇这类危机时，还会在电影和小说（例如《哈利·波特》系列、《指环王》等等）中发明危机，仿佛我们自己的生活不仅俗务缠身，而且黯淡平庸得难以忍受。正是出于同样的原因，很多亲身经历军事战斗的人往往会怀念自己“光荣的往日”，战争的苦痛的确让他们着迷。或许就是因为这些，魅力型领袖往往坚信自己肩负着由他人设计的某种宿命。正如丘吉尔在1940年就职时所说："这不可能是偶然，必然是设计。这个职位就是为我准备的。"魅力或许还能够解释阿克顿勋爵[①]在写给曼德尔·克雷顿[②]主教的信（1887）中的那句格言："权力导致腐败，绝对权力导致绝对腐败。伟人几乎总是坏人。"

如果说韦伯关注的是我所谓"超凡魅力"的特殊性质，许多那以后的学者则辩称，韦伯的概念无法被具体化并用于一种二元结构中——意指你要么有魅力，要么没有，非此即彼。相反，很多人选择将魅力看作一种连续统一体，更接近于外向的个性而不是韦伯所关注的超人。在这类关于（普通）魅力的论述中，个人（领导者）与追随者之间的关系建立在一种根深蒂固的共同意识形态（而非物质的）价值观上，魅力型领袖们之所以能够实现宏图伟业（而不是奇迹），是因为追随者无比忠诚且高度信任他们的领袖。在这类情形中，追随者愿意为了某种共同愿景而牺牲个人的利益，永久的危机和永久的奇迹一样毫无存在的必要。

这倒是跟变革型领导有着怪异的相似之处，后者最初是由麦格雷戈·伯恩斯[③]提出的，他认为变革型领导既不同于魅力型领导，也不同于交易型领导。在麦格雷戈·伯恩斯看来，交易型领导仅限于领导者和追随者之间的交换关系——至于那种交换是经济的（如薪水）、社会的（如升职）还是心理的（如友谊），则无

---

① 阿克顿勋爵（1834—1902），英国历史学家，自由主义者。

② 曼德尔·克雷顿（1843—1901），英国历史学家，英国国教会主教。

③ 詹姆斯·麦格雷戈·伯恩斯（1918—2014），美国历史学家和政治学家、总统传记作者和领导力研究领域的权威。

关紧要，它就是一种交换，非常普遍且效果相当有限。相反，变革型领导根本不是交换过程，而是在变革型领导者为追随者灌输一种超越其自身利益的价值观时发生的。当然，魅力型领袖或许也跟其追随者有一种交换关系，但那是基于身份的交换。不过，要想将追随者的目光从日常生活提升到非凡境界，就需要魅力，但并非所有的魅力型领导都是变革型的。在麦格雷戈·伯恩斯看来，其意不在变革的魅力型领袖是“权力行使者”，也就是说，领导者从追随者那里获得了承诺，满足了领导者而非追随者自身的利益。最后，权力行使者往往会诱导追随者对其产生较大的依赖性，而变革型领导的原则看似相反，是为追随者赋权而不是夺取后者的权力；是确保他们依附于一种理想体系，而非服从理想化的个人。

很多人步麦格雷戈·伯恩斯的后尘，扎莱兹尼克[①]区分了心理上“健康”和“不健康”的领导者，豪威尔更喜欢区分“社会化”和“个性化”的领导者，而巴斯则对“纯粹的”和非纯粹的，即“伪变革型”领导者加以区分。在我看来，问题是所有这些区分都源自观察者主观的伦理观念——由于我们不赞同某些特定的领导者，就给他们加上不健康或不纯粹等标签。但这并未抓住魅力的要点所在：学术观察者不为宗教狂人或政治恶魔的诱惑所动，这无关紧要，重要的是是否有追随者被他们煽动起来。在这种情况下，我们要做的不是无视魅力型领袖的伦理维度，而是要问问我

① 亚伯拉罕·扎莱兹尼克（1924—2011），组织精神动力学和领导力精神动力学领域首屈一指的学者和教师，曾在哈佛商学院任教40年，去世前为哈佛商学院荣休教授。

们自己，追随者们是否相信其魅力型领袖所行之事符合伦理。

这还意味着我们需要对魅力型领袖非常警觉。他们或许在危机时分必不可少，但如果危机的解决会破坏他们的权威，他们有可能会受到驱使，将危机一直维持下去。他们或许拥有极大的煽动力，但其所追求的事业并不一定是我们拥护的。他们或许的确能发挥作用，打破踌躇未决的僵局，但随着他们的消失，他们的成就是否可持续？抑或作为天赋异禀的个人，他们本人的行动是否恰恰破坏了众人进行可持续行动的可能性？在下一章，我将考察后者，即追随者——他们在整个体系中有无作用？如果有，是什么作用？

第七章

追随者又如何?

英语的“追随者”一词源自古英语词“*Folgian*”和古挪威语词“*Fylgja*”，意指陪伴、帮助或者——这个有点讽刺——领导。相对而言，它的前三种定义是正面的：

1）接受另一个人领导的一个普通人。

2）步他人之后尘或紧随其后的人。

3）追随的人；追踪者，随从，信徒，依附性伙伴，侍从。

然而在以下这几个定义中，“追随者”一词的负面形象就更加清楚地凸显出来了：

4）通过亦步亦趋地遵循某个过去被证明有效的简单程序来弥补经验匮乏或天生愚钝的个人或规则系统。

5）甜心；假装纯情但性经验丰富的女子。

6）（蒸汽机）活塞的可拆卸法兰。

7）机器上的随动装置。

8）盖尔语：姓氏后缀“agh”或“augh”=“……的追随者”，

例如“Cavanagh”意为“Kevin的追随者”。

熟悉英国喜剧演员哈里·恩菲尔德创作的人物“凯文”——那个可怕的少年就是个“不高兴”兼“没头脑”——的读者一定会注意到，在超凡的“领导者”看来，追随者的角色实在微不足道。的确，在列举正式领导者所必需的特质时，班里的学生通常会列出一长串的性格特征：魅力超凡、精力旺盛、富有远见、胆识过人、宽容大度、善于沟通、“风度翩翩”、一心多用、善于倾听、决断果敢、擅长团队建设、“高屋建瓴”、策略技巧丰富，诸如此类。没有任何两个学习领导力的学生或领导者所列的清单看起来完全一样，关于哪些特质或性格特征或能力是必要的，哪些是可有可无的，迄今未能达成共识。确乎如此，列举清单最有趣的一点就在于，到清单完成之时，拥有这么多技能之人的唯一可能的标签就是“神”。先不论那些特质是否自相矛盾，通常任何人都不可能说出哪个领导者至少在相当程度上拥有全部特质；然而显然，所有这些特质都是一个成功的组织所必需的。因此我们就面临这样一个悖论：拥有这一切的领导者——全知型领导者——根本不存在，但我们似乎很需要他们。的确，我们经常听到有人抱怨领导者，有人呼唤更多更优质的领导力，以至于如果有人假定确实存在过一个遍地都是好领导的美好旧时光，也情有可原。遗憾的是，翻遍领导力档案的角角落落也找不到这样一个黄金年代，而人们对这种时代的向往倒是自古皆然。类似这一“领导浪漫史”的都市传奇——曾经有过一个时代，刃迎缕解、剖决如流的英雄领袖据说比比皆是——不光是错误观念，而且全然背道而驰，因为它所建立的领导力模型几乎无人能够企及，因而抑制了领导力的发展，如此而已。这样说来，我们总是能看到这样的招聘广告也就不足为奇了——比方说招聘校长吧，其成功与否要么完全超出个人的奋斗范围，要么明显就是参照超人或神奇女侠的标准确定的，以至于只有凌波微步的“水上漂”们才有资格去应聘：罗马人的“人孰无过”这句格言大概都把这些领导者排除在外了。

对于这类招聘问题，或者当代商业首席执行官、公共部门或非营利组织主管的已知弱点，传统的解决方案是要求提高招聘标准，以便挑出“庸才”不要，剩下“贤才”来担当起转危为安的大任。然而这非但未能解决问题，反而生发出新的问题。另一种方法或许是着眼现在，而不是凭空憧憬：承认所有的领导者——因为他们是凡人肉身——都是有弱点的个体，而不是把每个领导者都看成是我们的理想的化身，也就是符合我们这些肉体凡胎、差强人意的追随者们希望的样子：完美。前一种方法就像一只“白象”——符合字典里对这个词的两种定义：其一是本身即为神祇的神秘兽类，其二是耗神费力、有勇无谋的徒劳之举。说起来在泰国历史上，国王会把得了白化病的大象赐予他最不喜欢的贵族，因为饲养它需要的特殊饮食和宗教规制，足以让这位贵族破家荡业。

白象也可以体现柏拉图对领导力的看法，因为在他看来，最重要的问题是“谁应该领导我们？”。答案当然是我们中间最有智慧的人：拥有最多知识、技能、权力，各类资源都最为丰富的人。

图18　白象

这样的观念呼应了我们当前寻找全知型领导者的筛选标准，不偏不倚地指引我们去选出魅力超凡、卓尔不群的人物，其威望素著、远见明察、出群拔萃，让我们以往为该职位招聘的平庸鄙陋之人全都相形见绌——虽然说来也怪，选拔标准是一以贯之的。除非新任领导者的确是柏拉图所说的智慧超拔的哲君，否则他们迟早也会失败，届时整个闹剧还将重来一遍，结果多半也无甚差别。

当然在柏拉图看来，领导者很可能都是男人；毕竟希腊的女人们连自己城邦的公民都算不上，不过柏拉图也曾亲口表示，理论上，女人也有可能满足领导力的一切内在要求。自柏拉图的时代至今，关于性别在领导力中所起作用的假设已经是天壤之别，但事实证明，领导者中女性所占的比例仍然相当有限且相当稳定

（见第五章）。

另一个做法是先承认领导者天生都有弱点，并努力抑制和约束这些弱点，而不是假装它们不存在。卡尔·波普尔[①]为此提供了更加站得住脚的依据，他指出，正如我们只能证伪而不是证实科学理论，同样，我们也应该采用适当的机制来抑制领导者而不是屈服于他们。在波普尔看来，民主就是撤选领导者的制度机制，其本身并没有什么好处，而且类似的过程应该是随处皆可复制的，即便在非政治组织内部鲜有民主系统运作。如若不然，虽说全知型领导者本来就是不负责任的追随者的痴心妄想和应聘者们乌托邦式的热切想象，但当下属们质疑领导者的指令或技能时，这些（不服从的）下属们往往会被更配合现有战略思维的人所取代，后者也就是所谓"唯命是从的人"。这样一来，这些下属就转变成了不负责任的追随者，其给领导者的建议往往只限于破坏性赞同：他们或许知道领导是错的，但有各种各样的理由少说为妙，因而也就默许了自己的领导者乃至整个组织走向毁灭。

然而，波普尔关于领导者的警告表明，约束领导者使其少犯错误、坚持做建设性的反对者、帮助组织实现目标而不是纵容任何领导者搞破坏，这是追随者的责任。于是建设性的反对者就会假定其领导者的属性不是柏拉图式的智者而是苏格拉底式的愚者：他们知道，没有人是全知全能的，并以此为行动依据。

① 卡尔·波普尔（1902—1994），20世纪最伟大的哲学家之一，在社会学领域亦有建树。他最著名的理论是对经典的观测-归纳法的批判，提出"利用实验证伪"的评判标准：区别"科学的"与"非科学的"。在政治上，他拥护民主和自由主义，并提出一系列社会批判法则，为"开放社会"奠定理论根基。

当然，前提是下属们必须始终致力于社会或组织的目标（而且当然，如果某个组织对你没有对等承诺，你往往有理由不为该组织献身），同时又保留着自己的独立精神，不为领导者的反复无常所左右。恰是这一悖论式的献身与独立精神的结合，最有利于负责任的追随者成长。图19列出了献身和独立精神的几种可能的组合方式。要再次说明的是，该图的目的是解释说明，因而生成了一系列韦伯式“理想型”，它们既不是任何标准意义上的“理想”，也不是任何普遍意义上的“典型”。相反，这些类型的生成都是以启发为目的，本意在于突出和放大在理论上处于极致立场的极端后果。

虽有此保留，但方框1——等级制度——或许仍然包含着领导者与追随者之间最典型的关系，其中传统的等级制度就是在一个领导者的领导下运作的，后者被认为因为拥有益国益民的智

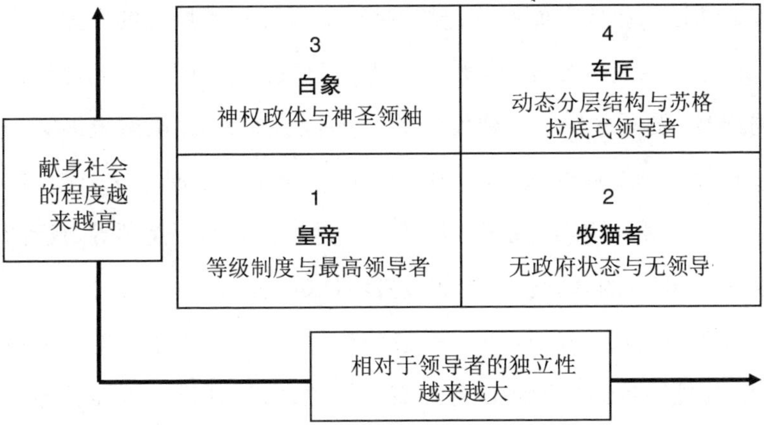

图19　领导力、追随力、献身与独立

力、远见、魅力等方面的**个人**品质而高出追随者一等，因而负责解决组织的一切问题。这样的帝制野心与我们为这一领导者形式加注的标签相呼应：皇帝。相应地，那也会产生只会最低限度地献身组织目标的追随者——往往因为那些目标都沦为领导者的个人野心了，因此追随者只提供事不关己的破坏性赞同，成了真正“不负责任”的人。

方框2源于同样对社会的漠不关心，但与它相结合的是更多地独立于领导者，结果就是一种形式上的“无政府状态”——没有领导者，也没有社会，无政府主义的支持者们认为，社会将随着个体领导者的缺失而自动消失。结果是一个类似于“牧猫者”的领导者——一个不可能完成的任务。我们会在最后一章再回头来讨论无政府主义。

方框3——神权政体——产生了大量群体精神，但那只是因为领导者被认为是一位神明、一个神圣的领导者，其信徒追随者被迫通过宗教要求而服从他的领导：也就是以上所述的白象。当且仅当领导者的确是神，是一个无可争议的全知全能、无处不在的神时，赞同才始终是建设性的。然而显而易见，虽然很多魅力领袖都会制造偶像崇拜，使他们表面上看来似乎属于这一类，但正因为该领袖实际上是个假冒的神，是在误导而不是领导自己的信徒，追随者的赞同往往会变成破坏性赞同。

最后一类，方框4——动态分层结构——指向这样一个组织：其领导者们意识到自身有着苏格拉底式的局限，因而领导力根据可知的时空要求被分散布局（这种动态分层结构的一个形象的例子是赛艇队，赛艇队的领导会根据形势需要，在舵手、船长、尾桨手和教练之间转换）。认识到任何个体领导者都有局限性，就要求必须有负责任的追随者来弥补这些局限，而要做到这一点，最好是通过建设性反对，当追随者认为领导者的行为违反了社会的利益时，他们愿意提出反对意见。

曾带领芝加哥公牛队一度登上辉煌顶峰的教练菲尔·杰克逊转述过一个中国古代的故事，或许能更突出地说明这一点。公元前3世纪，中国皇帝刘邦在统一中国后设宴庆祝，在王公贵族及各位军事政治专家的簇拥之下出席。由于刘邦既非贵族出身，又没有卓越的军事或政治才干，一位宾客就问军事专家曹参，为什么刘邦能当上皇帝。曹参反问道："什么决定了战车车轮的承重力呢？"那位宾客指出是轮辐的结实程度，但曹参反驳说："那为什么两个轮辐一模一样的车轮，承重力却不同？其实，轮辐的间距也会影响车轮的承重力，而确定合理的轮辐间距正是车匠技艺的精髓。"如此看来，虽说轮辐代表了组织成功所必需的集体资源，也就是领导者所缺乏的资源，但轮辐间距才是追随者本人成长为领导者所需的自主性[①]。

总而言之，能否将组织成功所必需的多种天赋特长集结到一处，才是将成功领导者与失败领导者区分开的关键：领导者不

① 这里参考了《11枚戒指》（菲尔·杰克逊著，傅婧瑛译，北京联合出版公司，2014年2月版），原书作者在原文中指出这是"金伟灿和勒尼·莫博涅"版本的故事，此二人合撰了一篇题为《领导学小故事》的论文发表在《哈佛商业评论》中。该论文（以及菲尔·杰克逊在这本书中）写到的人物是"Chen Cen"，译者只能猜测是"曹参"，且该论文中并没有标明出处，而这一段在中国文献中的出处无从查考。

需要完美，恰恰相反，他们必须认识到自己的知识和权力有限，如果不依赖下属领导者和追随者来弥补自己的无知无能，他们将注定失败。真正的白象——患有白化病的大象——的确存在，但它们极其罕见，谁要指望它们来把我们拖出组织泥沼，恐怕没有意义；远不如找一个好的车匠，让组织的车轮转动起来。事实上，领导力属于社会，是整个社会行为的后果，而非个体领导者的私有财产和行为后果。更何况虽然白象是天生的，车匠却是后天学成的。事实上这一类比对我们区别此二者的教授和学习方法也都很有用，因为那些相信自己天生就是统治者的人不需要教师或顾问，而只需要唯唯诺诺的追随者，而车匠们却必须经历一段学徒时光，要从师父那里学习如何制造车轮，而在此过程中，反复摸索和试错是必不可少的。

领导力是微物之神

另一个解决该悖论的方案是将关注焦点从领导者转向领导**力**，回归那条抽象的“领导之船”[①]——那样一来，领导力的诸项特征就成了一种社会现象，可能出现在领导团队或追随者中，即便没有哪一个人拥有全部那些特征。因此，是那条隐喻的“船”上的全体船员，而非真正的组织之船的“船长”，需要满足建设和维持组织运作的要求；于是我们就有必要还原“领导力”，而不去依赖“乏力”的领导者。换句话说，领导力并非只局限于神力，

① 英语“领导力”（leadership）这个抽象名词是用“leader”（领导者）加上抽象名词后缀“ship”构成，而“ship”单独的意思是船。

倒有可能完全相反。正如阿兰达蒂·洛伊[①]在自己的小说中所述:“在我看来,微物之神恰是上帝的反面。上帝是控制欲很强的庞然大物。”这里我想指出,我们最好把领导力也看作是“微物之神”。

因此,高见就是世上根本没有高见;只有很多由追随者进行的微小行动,积少成多,促成了真正的进步。那并不是说微小行动可以作为“转折点”,虽然这也不无可能,而是说重大转变都是微小的事物聚积引发的质变。组织不是由船长掌舵的油轮,而是一个活的独立有机体,是个人组成的网络——因此其方向和速度是很多微小决策和行动的共同结果。或者如安妮女王治下的英国财政大臣威廉·朗兹所说:“省小钱,成大富。”这句话曾被宽泛地解释成“小事慎重,大事自成”,但这里的要点是把焦点从个体的英雄转移到众多英雄主义的人。这倒不是说首席执行官、校长、警察局长、军队将领等人无关紧要;他们的角色至关重要——我们将在最后一章讨论这一点——的确,他们自己必须为即将到来的“重大”决策做准备,不过那个决策可能是众多微小行动和决定集结而成的。

换一种说法就是,传统上很多领导力研究的重心——个体领导者的决策行动——最好被看成是组织成员的众多“意义建构”行为的结果。正如韦克所说,所谓的“现实”,正是人们试图为自己周围的“区区小事”建构意义的集体的、持续的成就,

① 阿兰达蒂·洛伊(1961—),印度知名作家、社会活动家和左派知识分子,著有《微物之神》(1997)。

而不是个体领导者理性决策的结果。那不是说意义建构是一种民主活动，因为总有些人在意义建构的过程中做出的贡献更多一些，这些“领导者”就是那些“小修补匠”——对眼前五花八门的材料进行意义建构，并设法利用这些良莠不齐的材料，针对某一具体问题构建出全新解决方案的人。正因为此，成败往往取决于微小的决策和行动——既有领导者做出的，也有“追随者”做出的，但后者也在“领导”。这并不意味着我们应该抛弃柏拉图那个问题，“应该由谁来领导我们？”，而是更多地关注波普尔的问题，“如何阻止统治者把我们带向毁灭？”。事实上，我们无法确保找到全知型领导者，但由于我们为选拔机制花费了这么多心思，那些成为正式领导者的人往往会假设自己无所不知，因而很可能会犯下错误，那些错误可能会对每一个像我们这样人微言轻的追随者造成影响，并破坏我们的组织。

以臭名昭著的英国海军中将乔治·特莱恩爵士为例吧，1893年6月22日，他在叙利亚海上的行为导致了自己的旗舰“维多利亚”号沉没，因为他坚持让英国舰队分成两个纵队，在空间不足的情况下同时向内转弯。虽然好几位下属都警告他说这一行动很难成功，但特莱恩还是坚持让下属执行他的命令，最终使包括他本人在内的358名海员葬身鱼腹。随后组成的军事法庭审判了马克海姆海军少将，他指挥的“坎博堂”号撞沉了“维多利亚”号，马克海姆少将被问道：“如果他知道是错的，为什么还要照做？”“我认为，”马克海姆回答说，“特莱恩中将一定自有锦囊妙计。”法庭判处特莱恩应负全责，但同意“海军绝对不能鼓励下属质疑上司”。因此，错引一句伯克的话就是：领导力失效的唯一条件，就是好的追随者无所作为。[①]

也并非只有全国性的军队或政治领袖才被认定为全知型领导者。举例来说，1982年1月13日，佛罗里达航空公司90号航班（“棕榈90号”）在恶劣的天气条件下坠毁时，从机长拉里·惠顿与副机长罗杰·佩蒂特的谈话中，我们显然能听出后者对起飞没有把握，但他未能阻止惠顿，从而不经意地导致了空难。特内里费空难[②]的情况也是一样，副驾驶员认为有问题，但未能阻止驾驶员在危险形势下起飞，因为他的警告太“微不足道”（另一架飞机就在他们前面起飞了，副驾驶员不知道他自己飞机上的驾驶员甚至没有获得起飞许可）。实际上，英国皇家空军的机组资源管理系统内部有一个“自动保险”机制，事实上允许机组的任何成员——无论职衔高低——要求机长放弃起飞或降落，其运作方式相当于英国陆军和海军的“停火”系统，也就是正在进行实弹射击的过程中，下级意识到上级没有看到的危险时，他们可以无视上级的命令。

通用汽车公司前总裁阿尔弗雷德·斯隆曾在董事会遭遇过同样的问题，但他意识到了现场出现的破坏性赞同：

---

① 伯克的原句是“The only thing necessary for the triumph of evil is for good men to do nothing”（邪恶获胜的唯一条件，就是好人袖手旁观）。

② 特内里费空难，一起发生于1977年3月27日傍晚的空难。两架波音747客机在西班牙北非外海自治属地加那利群岛洛司罗迪欧机场的跑道上高速相撞，导致两机上多达583名乘客和机组人员死亡。

“先生们，在我看来，我们大家都达成一致意见了？”

（众人纷纷点头表示一致同意。）

“那么我现在宣布休会，把这个问题的讨论推迟到我们能听到不同意见时再开会决策，那或许会有助于我们理解决策的意义所在。”

三百年前，日本武士山本常朝也曾在书中回忆过类似的事件：

前几年，在一个重要的会议上，某人竟然因自己陈述的反对意见不被采纳而准备斩杀组头大木知昌。直到最后，他都坚持自己的意见，结果终于被认可了。事后，据说这位老兄说：“这么快就采纳了我的意见而去实施这样的事情，主君近侧辅佐的各位是靠不住的，确实是人才不足呀。”①

这个问题该如何应对呢？显然应该及时向领导者提供诚实的意见——建设性反对——才是合适的解决方案；但同样显而易

① 译文摘自山本常朝著《叶隐闻书》，李东君译，广西师范大学出版社2007年版，第33页。本书作者引用的英文版是“Last year”，但中文版是“前几年”。译者查阅了日文原版，原版中这里的时间状语是“先年”，在日文中可以指“今年之前的任何一年”，但本书译者咨询的日文专业人士认为，日文中有“去年”一词，但作者还是使用了“先年”，应该是作者也记不清是哪一年了。所以中文版翻译的“前几年”应该是比较准确的。

见的，首先是领导者往往会通过招聘和任用那些“与官方意见更为一致”的下属（往往都是些提供破坏性赞同的马屁精）来阻碍这种做法。此外，领导者不愿意承认错误，更加重了追随者对于全知属性的认定。历史上只有王室弄臣，或宫廷小丑，才能提出建设性反对还不被杀头，主要是因为那些建议包裹在幽默的语句中，因而可以被君主一笑了之，哪怕君主私下里可能会更慎重地重新思考一下。要说明这一角色的难度和重要性，恐怕没有比莎士比亚的《李尔王》中的那个弄人更好的例子了。

李尔在故作姿态和自以为无所不能的一番表演中，把王国瓜分给了自己的女儿们。他先是被自己的忠臣肯特警告说这个行为莽撞愚蠢，但肯特因为诚实而遭到流放。后来弄人试图提出同样的建议，但他没有直言，而是用了一连串谜语，遗憾的是，待李尔终于理解了那些话，已经太迟了：

弄人：听了他的话，
土地全丧失，
我傻你更傻，
两傻相并立：
一个傻瓜甜，
一个傻瓜酸，
一个穿花衣，
一个戴王冠。
李尔：你叫我傻瓜吗，孩子？

弄人：你把你所有的尊号都送了别人；只有这一个是你娘胎里带来的。

（《李尔王》第一幕第四场[①]）

要想重塑莎士比亚的“弄人”这个诚实建议者的角色而无需“花衣”也是有可能的，或许还更加成功，做法是，要么领导者需要依附于一人或多人，后者的地位不会因为提供了该建议而受到威胁，要么还可以要求某个决策机构的所有成员轮流行使“唱反调的角色”，从而将该角色制度化。这样一来，建议就成为角色的要求而不是某个具体的个人提出的，因而应该提供一定程度的保护，以防领导者可能会因为其下属提出的“有用”但或许“令人难堪”的建议而恼羞成怒。

不过领袖魅力的矛盾性质——在其起源和存在这两重意义上都是如此——仍然没有解决我们对完美领导者心怀向往的问题，那样的向往或许也恰恰反映了我们对于身为不受认可的追随者——身为微物之神——的平庸生活的不满。正如阿尔伯特·史怀哲[②]在自传《我的生平和思想》中写道的：

在人类的理想意愿中，始终只有一小部分才能成为轰轰烈烈的大事件，所有其他意愿注定是默默无闻的微小行动。

① 原文引自《李尔王》第一幕第四场，而非本文作者标注的第一场。

② 阿尔伯特·史怀哲（1875—1965），出生于德国阿尔萨斯的通才，拥有神学、音乐、哲学及医学四个博士学位。因为他在中非西部加蓬创立史怀哲医院而获得了1952年度的诺贝尔和平奖。

这些微小行动所共同体现的价值，要比轰轰烈烈的事件强大千倍。后者之于前者，就像深海浪尖上转瞬即逝的泡沫。

这是对领导力可以被简化为个体领导者的性格和行为这一观念的猛烈抨击。言外之意是，我们应该认识到，组织的成就恰恰就是其字面意思——是整个组织的成就，而不仅仅是某一位英雄领导者的行为的后果。然而历史的车轮虽然是由集体的领导者和集体的追随者共同推动的，承担责任的却往往是正式的或者马基雅维里式的单个领导者，大多数人则湮没在浩瀚的历史长河中，默默无闻，却并非毫无意义。乔治·艾略特在她的小说《米德尔马契》的结尾描述多萝西娅时，就深刻而清晰地指出了这一点：

> 她的完整性格，正如那条给居鲁士堵决的大河，化成了许多渠道，从此不再在世上享有盛誉了。但是她对她周围人的影响，依然不绝如缕，未可等闲视之，因为世上善的增长，一部分也有赖于那些微不足道的行为，而你我的遭遇之所以不致如此悲惨，一半也得力于那些不求闻达，忠诚地度过一生，然后安息在无人凭吊的坟墓中的人们。[①]

领导者的确重要——我们将在最后一章考察其角色——但各种各样的其他元素也同样重要，而这些往往会对成败起到决定

① 译文引自项星耀译：《米德尔马契》，人民文学出版社1987年版，第981页。

性作用。在这些其他因素中，我们最难以理解、疏于考察的或许就要属追随者的角色了，没有他们，领导者根本无法存在。但这并不是说我们可以抛弃个体领导者，单单依靠集体的自发领导力——最后一章将论述这个问题。

第八章

离开领导者能行吗？

凿户牖以为室，

当其无，有室之用。

故有之以为利，

无之以为用。

（《道德经》第十一章）

我在第七章指出，如果要理解领导力到底如何运作，就需要把“领导者”交还给“领导之船”——事实上，需要把众人都还原到领导之船上。但同样危险的做法是从集体或分布式领导中排除领导者，认为——只需更加密切地合作——我们完全能够共同解决这个世界的诸多问题，而无须求助领导者。在本书的最后一章我想指出，和领导者不需要考虑追随者的臆想一样，这也是错误的，不过这里我想先让领导者恢复其领导力。

在全球化问题蔓延的时代——无论是金融、环境、宗教、社会还是政治问题——对后英雄主义领导力的呼唤愈发强烈。人们（以多种方式）抛弃英雄主义领导风格而选择的其他途径都在暗示：领导并非必要，或者它可以在集体内部平均分布，或者一旦冲突的源头——无论是马克思所说的私有财产，还是宗教——消除了，它也就变得不再必要，又或者英雄主义领导是组织的结果而非原因。为了逃避英雄主义领导的魔爪，我们现在似乎正被它显而易见的反面弄得神魂颠倒——分布式领导：在这个后英雄主义的时代，人人都是领导者，因而就没有领导者了。

关于领导力是社会或组织中一个可有可无的方面，或者它应该被适当“分布”（以便共同承担领导责任）或彻底“分散”（以便由于人人都是领导，最终无人领导）的观念早有先例。事实上，很多狩猎-采集者社会——例如坦桑尼亚的哈扎部落——都没有一个单独的正式领导者，领导责任是分开的，任何个人都可以“领导”某一次狩猎，或者提议迁徙到某个新的领地，等等。很多这类狩猎-采集者社会只是在殖民势力的逼迫之下才开始采纳正式的领导体系——很多美洲印第安人部落就是例子。然而就连那些没有制度化领导者的文化，也保留有一些领导元素：因此，即便是所有美洲印第安文化中机动性最强、最反权威的科曼奇人，也会在战争、狩猎或其宗教要求的其他情形下服从临时的领导者。同样，努尔人也符合伊凡-普理查[1]所谓的“裂变”制——以家庭为基础的群体机动组合，可以与其他家庭群体不断结盟和新组同盟，只是没有制度化的领导。

这类受限的领导形式在西方就更加罕见了，而且由于我们

① E. E. 伊凡-普理查（1902—1973），英国人类学家，他结合结构功能论以及他本人在东非所作的民族志，对努尔人与亚桑地人的亲属制度与巫术进行重新整理，进而重新开启了西方文化诠释原始社会心灵的进程。

早已从狩猎-采集者社会经过所谓的“军阀时代”(大致是从最后一个冰川时代末期到工业化时期)，经历了与之相关的定居农业，一直发展到大规模工业社会，领导形式显然已经发生了巨大改变，以致制度化、行政化的民主和官僚体制已经替代了由政治、商业、文化和军事领导者(很多人认为这些是军阀时代的男性领袖的典范)组成的以临时网络为特征的军阀制度。然而在21世纪，当抗解问题看似正在全球蔓延，或许通过协作式领导才能更好地服务世界，它也就以一种治理体系替代了20世纪的军阀们，在那些传统上深受军阀行为之害的人看来，该治理体系也更加合适。

军阀(包括绝对君主政体和政治独裁政体)与各种为其提供支持的神职人员之间的联系往往被用于捍卫领导权，理由就是它与某种神祇之间有着神圣的联系。无论该联系是君主的“天赋神权”，还是世俗领导者自称为半人半神，甚或追随者为其领导者归属的非凡地位，显然，领导力与神圣范畴有着一定的联系。然而这一联系有多重要，此外对于放弃正式的个体领导者、重新分配权威而言，这一联系又意味着什么呢？

有人或许会认为，西方世界始于启蒙运动的世俗化过程通过政教分离，消解了领导力的神圣性质。尼采在《快乐的科学》一书中断然宣称，隐喻的上帝之死或许能够让人类获得解放，广阔的大海就是一块画布，可以在其上绘出新的开端。因此有人或许会得出结论说，社会的世俗化将开启全新的领导力观念，再无须对神一般的领导者献媚。但尼采还提出了其他的疑问：

上帝死了！永远死了！是咱们把他杀死的！我们，最残忍的凶手，如何自慰呢？那个至今拥有整个世界的至圣至强者竟在我们的刀下流血！谁能揩掉我们身上的血迹？用什么水可以清洗我们自身？我们必须发明什么样的赎罪庆典和神圣游戏呢？这伟大的业绩对于我们来说是否过于伟大？我们自己是否必须变成上帝，以便与这伟大的业绩相称？①

（1991年版，第125节）

各种宗教原教旨主义的重新抬头，已经无情地打破了隐喻的上帝已死的臆测，但在卡尔·波普尔看来，要想回答这个问题，就必须提出另一个问题：如果上帝死了，那么“谁坐上了他的宝座？”这一对领导者的重新建构——或者用“重新供奉”一词更合适些——意味着，或许领导力本身就被锁定在神圣范畴中无以逃遁，如果是这样的话，那对于权限的彻底分散又意味着什么呢？

这个问题与其说事关领导力的神圣性质，倒不如说是关于应该如何协调社会生活——因为如果可以找到一种不需要领导力的生活方式，那么它的神圣性质就不再是组织的必要前提了。然而讽刺的是，“另类”社会一贯的老调重弹不过是颂扬整个社会的神圣或将自由“奉为神圣”的调子。神圣的形式完全可以发生转

① 引文引自黄明嘉译：《快乐的科学》，华东师范大学出版社2007年版，第209页。

变，且解读方式千差万别，但从根本上说，它就是不可侵犯的。事实上，否认任何其他人拥有高于自己的权限——因为那样做可能会损害自己的人格——产生了一种对立的虔诚，信奉个体或社会的神圣性质。或者按照乔·弗里曼（1970年代美国女权主义领袖之一）的说法，无结构的结果不是摆脱了结构或权限（父权或其他任何权力），而是形式结构变成了非形式结构，而非形式群体和民兵组织的独裁潜力无限。弗里曼指出，民主的结构化总要好过无结构状态，因为至少那种结构更加透明，也可以改变。但是同样，权限的下放和分配及任务轮换需要所有参与者愿意且能够贡献出大量的时间和精力。在有些人看来，这种精力可能是白费了：例如，弗莱彻就指出，新的后英雄时代模型虽然被认定为更偏于女性主义的模型，但从根本上说，它们仍然根源于男性组织，在那里，协作、关系建立和谦卑被看成是软弱的表现而非领导力。的确，各类组织的第一梯队仍然主要掌握在男性手中，因此后英雄时代的领导力模型不过是后英雄时代的英雄模型。

在有些人看来，这与其说是“领导力”问题，不如说是哪一种“领导力”的问题，特别是那些与分布式领导的发展有关的领导力面向，在分布式领导中，领导权掌握在集体手里。雷林试图将分布式领导或有多位领导者的组织与传统组织进行对比，认为在有多位领导者的组织中，领导力是同时发生的集体行为，而非一连串的个人行为——很多人都参与其中，而非仅限于有正式职位的人；领导风格是合作型而非控制型；是富有同情心的而非不带感情色彩的；这产生了一个社团而不再仅仅是一个组织。根据格伦的说法，分布式领导有三个显而易见的后果：第一是“协同行动”，也就是领导层协力，使得分布式领导的整体强于各部分相加；第二是领导的界限变得更加模糊和彼此渗透，鼓励更多的团体成员参与到领导其所在组织的行动中；第三，它鼓励人们重新思考组织内部的专业能力问题，拓展了对团体开放的知识的水平。总而言之，领导力变得不再为某一位正式领导者所有，而成为组织、网络或团体的一项新兴资产。

我无意为“英雄主义领导力”辩护，但这里还有一个尚待解决的难题：如果英雄主义领导者自古以来便存在于我们中间——且要为有史以来发生在人类身上的大多数悲剧负责的话——为什么我们直到现在才意识到他们不可靠？而如果我们自他们出现以来便一直知道他们不可靠，为什么一直没有想出长期、大规模的有效备选方案？换句话说，上述假设的后英雄时代领导力是不是一个可行的备选方案？

当然，这可能是一个非常西方化的表述，显然在不同的文化中，关于领导力的观念和关于神圣的概念往往截然不同——这个话题太大，本书的篇幅远远不够。的确，美国人关于何为领导力、何为神圣的看法似乎往往与英国人大相径庭。在很多北欧社会，讽刺，不，毁谤宗教领袖或许是合乎礼数的，但在伊朗或美国显然不行。因此，我并不是暗示西方或英国关于神圣与领导力之间关系的论述放之四海而皆准，而是想指出，很可能在各种不同的文化中，这两个现象都有着重大联系，虽然在世界各地，这些概念及其联系的具体性质迥然相异。我还想指出，神圣并非房间里的大象——它不是显而易见但人们讳莫如深的东西，而是房间本身，是领导力发挥作用的空间。这就是很少有人提出神圣问题的原因之一，领导力正是在神圣所构建的框架中运作的。

“神圣”一词的词源提供了关于其性质的线索，但并没有提供解释（《柯林斯英语词典》，2005年；《牛津英语词源词典》，1966年）。英语“sacred”（神圣的）一词来源于拉丁词语*sacer*，意为“神圣的、圣洁的或不可碰触的”，其本身又来源于另一个拉丁词语*sancire*——“奉为神圣，专为宗教目的，被尊崇为圣洁，不受暴力攻击；使分离”。如此看来，神圣性的一个要素就在于神圣事物与世俗事务之间的距离或差异。“亵渎神圣”——这个词来源于一个拉丁语复合词，意为“偷盗圣洁之物”——是指超越这一界限并玷污了神圣。的确，“hierarchy”（等级制度）一词的原意就是“圣洁的君权”：在这个词起源的希腊语中，*arkhos*意为“君权或统治者”，而*hierós*意为“圣洁的或非凡的”。*Hierarkhiã*是一种宗教典仪的等级排序，因此“等级制度”这个概念就是确保神的（或神职的）领导的神圣组织空间。拉丁语*sacerdos*意为“神父”，而英语的“sacrifice”（献祭，牺牲）源于拉丁语复合词“使圣洁”，因此神圣性的第二个要素与那些被认为与神灵最接近之人——神职人员——献祭这一基本事务有关：正是献祭才让事物变得神圣——它行使了领导力。最后，“神圣”是指“一种尊敬或敬畏的态度”，“一种在神灵面前的静默”。那一静默似乎暗指信徒因为恐惧而被噤声，因为其神灵，或者神灵的代理人，转移了任何与存在有关的焦虑，或者在古希腊的版本中，神灵本身就结束了凡俗之人关于存在的一切恐惧。

因此，词源表明，领导力的神圣面向至少包括三个特质与关于领导力的争论有关："分离"——将圣洁与卑俗之物分隔开来；"献祭"——使事物变得圣洁的行为；以及宗教或世俗领导者让追随者保持"静默"，不敢说出自己的恐惧或异议。下面我们先对领导力的这一神圣面向来一次短暂的寻幽访胜，然后再考察这个面向是否必要，及其对没有领导者的社会生活意味着什么。

分　隔

分隔、邻近与领导力之间的相关性历史悠久。拿莎士比亚的《亨利五世》来说吧，在阿金库尔战役前夕，"那一夜，（大小三军，不论尊卑）多少都感到在精神上跟亨利有了接触"；这一点之所以被看得如此重要，恰是因为追随者们很少能够接近其领袖，遑论有所接触。君主们当然往往都是通过与神灵的联系来确立自身统治的合法性，因而他们只对神灵负责，所以既然前提是他们整个人都有神圣性，那么说他们的接触具有神圣性在逻辑上也就顺理成章了。这些差别——世俗与神圣的分隔——必须通过分明的界限加以保护，还可以通过阻止人们直接或在无中介的情况下接近领导者，或者领导者的特殊着装或其他差别标志得以实现。当然，不同的文化会表现出不同的疏远机制，确实，它们各自对于什么样的距离是可以接受的观念截然不同，但有些疏远——不管是象征意义上的还是现实层面的，也不管我们考察的是任务导向还是人员导向的领导力——似乎普遍存在。例如，众所周知希特勒的制服十分朴素，这让他有别于身上挂满勋章、装饰华丽的其他纳粹领导者，而使他跟普通的“人民”联系在一起，虽然他根本不可能是“他们中的一员”。

领导力涉及一些领导者与追随者之间保持“距离”的机制，这一观念并不稀罕，而关于平易近人的领导者要比高高在上的领导者好得多的信念更是深入人心。相反，马基雅维里敏锐地注意到，要防止追随者们看到其领导者的“真实”面目，保持距离是个很有用的做法，因为：

> 人们进行判断，一般依靠眼睛更甚于依靠双手，因为每一个人都能够看到你，但是很少人能够接触你；每一个人都看到你的外表是怎样的，但很少人摸透你是怎样一个人，而且这些少数人是不敢反对多数人的意见的，因为后者受到国家最高权威的保护。①

对于那些希望成为领导者的人，这一点意味深长，因为能够把控好距离，特别是能够牵制他人不要近身，让自己的一举一动存在于他们的视线之外，对于保持领导的神秘性至关重要——就像奥兹国的巫师，在被揭去了掩饰其“普通”性质的面纱之后，就变得一无所长了。

疏远还可以方便领导者执行一些卑鄙龌龊但十分必要的任

① 译文引自潘汉典译：《君主论》，商务印书馆1986年版，第85页。

务，并方便其在一定的空间之外观察全局（距离追随者或行动太近时则很难看到）。海费茨和林斯基的隐喻——“站在阳台上”去观察（组织的）舞者们创造的队形，就精准地捕捉到了这一要点。

虽说在历史上，疏远对领导力而言一直都很关键，但西方各民主政体在当代的发展方向却是——至少在媒体全天候的监督之下——创造一个社会距离最小的领导形象，因此托尼·布莱尔会穿着套衫、端着一杯茶出现在唐宁街的官邸外与媒体对话——虽然我们很少有人能以那个形象出现在全世界媒体的面前，更没几个人会当面叫他“托尼”，不管是朋友还是仇敌。

然而尽管如此，柯林森指出，过于关注魅力型领袖让我们忽略了这样一种可能性，即距离还会成为追随者的重要机会，用以“建构其他更为对立的身份和工作场所反主流文化，从而表达他们对领导者及其与追随者之间距离的怀疑态度”。有人用幽默来拉开追随者与领导者之间的距离，就是个尤其明显的例子，虽然同样，那样做也会鼓励追随者默许其领导者的领导，因为追随者有渠道表达自己的失望，而不是组织反抗。

领导者与追随者的分隔还凸显出领导力固有的不平等性质，虽然所有关于赋权式、分布式、民主式或参与式领导的说法已经模糊了我们的视线。哈特及其同事们指出，这一不平等观念实际上既是合理的，也是必要的，它产生了双方互利的不平等，前提是要有一定的防护措施。作为领导力核心的不平等**必须**被合理化——虽然平等本身往往被认为是合理的——这一点或许也能解释为什么我们似乎总觉得领导力是神圣的，因为它必须被看作是神圣的，才能保持其合理性。

这或许还能解释对那些鲁莽地挑战被公认为神圣的领导力之人，为什么需要使用一定程度的暴力，因为只有在严厉惩罚了那些用行为破坏神圣之人——亵渎神灵之人——之后，才能保持神圣不被侵犯。于是福柯在《规训与惩罚》一书的开头，对达米安因谋刺国王而被判处酷刑进行了详细的描写。亵渎神灵——企图跨越神圣与世俗之间的分隔；的确，这就是玷污神圣——在领导力的建构中起到了至为关键的作用，也被看成是对领导权的致命一击。举例来说，戈尔巴乔夫对苏联共产党的批评——他的亵渎——就打开了最终导致苏联解体的水闸。在他公开发言批评之前，很少有人敢于说党的坏话，而一旦他给了其他人许可，让他们也参与批评，党的神圣性质就受到了无法补救的破坏。托尼·布莱尔或许也可作为一例，他在1994年的工党大会上废除了《党章》第四条（生产、分配和交换资料的公有制），正式开启了工党转变为新工党的进程。

因此，神圣性的一个重要方面就是，它必然会把神圣与世俗分隔开来；二者必须保有距离，分隔才有意义可言；当然，该分隔的性质非常灵活，在不同的文化中也迥然相异。事实上，“差别”而非“距离”可以更好地帮助我们理解这里的“分隔”的重要意义。领导者和被领导者之间的物理距离或象征距离可大可小，但二者的差别是成功的关键。换句话说，是否只要消除了这一差别，从而使人人都——或者无一人——是领导者，领导力本身也就消失了？这不是说在某些特定情形下，有些组织形式离开了领导力就无法存续，而是说离开了差别，领导力本身就无法存续。差别是领导力的执行要素，而非领导地位的可有可无的点缀。

献　祭

虽然它让很多现代人感觉极其不适，但毋庸置疑，祭品的使用在古代社会非常普遍。在阿兹特克人披着牺牲品的皮，把成百上千的牺牲品献给他们的太阳神的同时，罗马人、古希腊人、凯尔特人、迦太基人、非洲人、亚洲人，看样子还包括其他各个族群和种群，也都曾染满了人和动物的血来安抚各自的神灵，保护部落，确保子孙满堂或风调雨顺，确保统治部落不会来摧毁自己的土地，或者只为确保被征服的追随者归顺。古希腊的代罪者传统就是把寻找替罪羊的做法仪式化，是社会在面临战争或饥荒威胁时，把人类牺牲品驱逐甚或处死的仪式。

寻找替罪羊

寻找替罪羊的仪式上的必要性构成了勒内·吉拉尔[①]著作的基本核心，且与模仿——所有的人都有互相模仿的欲望——的作用有关。这一对他人的占有最终导致了对他人的征用、一种无法避免的敌对、一种侵略性的反应，以及最终的结果：普遍的社会

---

① 勒内·吉拉尔（1923—2015），法国人类学家和哲学家，法兰西学术院院士，“欲望的模仿理论”的创始人。他的研究兴趣和影响力极其广泛，在文学批评、批判理论、人类学、神学、心理学、神话学、社会学、经济学、文化研究和哲学等领域都有成就。

暴力。吉拉尔指出，数千年来，人类一直通过牺牲个人的做法来遏制这种“天然”的社会暴力倾向。结果，原始的谋杀替罪羊的做法让人们免除了更大规模的社会暴力，产生了暂时的和平——直到下一轮模仿式的敌对和暴力蔓延，让人们必须寻找下一个替罪羊。因此，霍布斯所说的“所有人反对所有人的战争”的唯一解决方案，就是把焦点缩小成“所有人反对一个人的战争”。而克莉斯蒂娃当然是对的，为确保男人的领导权，女人往往会成为被献祭之人，举例来说，所谓的“荣誉处死”往往就暗指这一点。当然，献祭者往往也会成为被献祭者，想想英格兰的查理一世和法国的路易十六等君主们，就是最明显的例子，但有些领导者的政策本是为了推翻这些君主，却也难逃其害——罗伯斯庇尔甚至克伦威尔都是如此，后者倒是自然死亡，但后来尸体又被挖掘出来挂在锁链上，他的头被砍下来，悬挂在威斯敏斯特教堂外的柱子上。

不过我们倒也不必局限于真实的死亡案例，仿佛不这样便不必承认，牺牲至今仍然是领导力的一个重要组成部分，特别是在将领导者或追随者当作替罪羊时：民主政体往往会在政策失败时将其政治领导者当作替罪羊；当问题出现时，CEO们也往往会把自己工作场所中的某个环节当作替罪羊，或者说他们自己也会被股东当作替罪羊。如果他们的上司被剥夺了职权，被降职、解雇或锒铛入狱，那么即便替罪羊们最终没有被献祭，一般也会被流放、被厌弃、被涂上焦油或插上羽毛，而在很多这类行动之前都会有某种形式的公审大会，以便献祭仪式的范围囊括尽可能广泛的公共空间：献祭不仅必须进行，还必须当众进行。同样，非流血型献祭也可以是领导者的自我牺牲。例如，2009年福特公司的时任CEO艾伦·穆拉利就曾承诺，如果国会通过了财务救助，他愿意将自己的管理者年薪降到一美元。

当然，我们每个人每时每刻都在做出牺牲——我们为清理待复电子邮件牺牲了午餐休息时间，为清理草坪牺牲了周日早上的懒觉，等等。但我这里所指的牺牲是指为了集体利益，不管你如何定义集体利益。所以我们那些世俗的个人牺牲不会对领导者和追随者之间的关系产生任何影响，因而不在我们的讨论之列。为了自己的健康放弃一块奶油蛋糕，跟为了提升蛋糕房的集体士气牺牲一个烘焙师可不是一个概念。献祭不是某一位邪恶或疯狂独裁者所做的令人遗憾或令人难堪的行为，而是所有领导形式的基本表现机制。献祭建构了神圣空间，没有这一空间，领导力根本就不可能存在。

静　默

除了提供思考空间之外，静默的神圣方面还包括好几个原则：消除反对之声和消除焦虑之声。已经有大量文献论述了前者的作用（例如扩展阅读部分列出的柯林森和阿克罗伊德的著作），这里就不多费笔墨了。

大体上，领导力具有神圣性的概念与存在主义观念背道而驰，后者是从哲学谱系的另一端出发来考察世界的：我们不是神的计划的成果，而是我们自己有意识的自由行为打造的。然而这

图20　自由的两难困境

一观念就意味着，所有对存在没有把握和没有目的而造成的焦虑，恰恰是责任的负担为何如此沉重的原因。如果我们相信某个神灵所决定的命运，就从自己肩上卸去了责任的重担，因为我们所做的一切早已由不管哪一个神灵镌刻完毕，也就意味着他要为此负责。然而如果说我们所做的一切都是自由意志的结果，因为没有从神那里获得任何道德规训而随波逐流，那么我们似乎就不仅要为自己的决定负责，还要为自己在做出这些决定时背离任何基本的道德罗盘负责了。绝对性和免责是这一虚构的领导领地和这一双重浮士德式契约的一对孪生承诺。对领导者而言，该契约用现在的特权和权力换取了未来被献祭的可能性；而对追随者而言，该契约保护他们免受“错信”之害，也就是让-保罗·萨特所说的“被赋予自由”，哪怕在两害相权时最孤注一掷的决定的背后，也会有这种自由在起作用。实际上，领导力消除了追随者的焦虑之声。

埃里希·弗洛姆指出，对自由的恐惧还可以从根本上解释为什么我们会这般强迫症一样地渴望服从权威。在弗洛姆看来，现代性让人们从根本上摆脱了与他人的共有关系，正是这种无法忍受的孤独及随之而来的责任之重，驱使我们在权威——不管是法西斯还是民主领导者——的保护羽翼下寻求安慰。因为只有那样，我们才能够避免个人责任所带来的恐惧。

这又会将领导力带向何方呢？一方面，如果我们想要通过很小规模的临时网络来组织社会生活的话，完全可以离开领导者，但规模稍大或时效稍长一些，似乎就必须要有某种形式的制度化领导了。好消息是，我们现在需要关注的是建立适当的机制，让这类个体或集体领导者为自己的行为负责，以及培养更愿意参与领导行为的负责任的公民。坏消息是，我们想当然地认为在某种程度上，合作型领导不会像个体领导那样容易受到操纵和腐败侵蚀，这一臆想非常可疑。要想对集体面临的抗解问题做出协调反应，单靠抛弃个体领导是做不到的——就算是合作型领导，也需要有个体带头行动、承担责任、动员集体领导。事实上，集体的成员必须授权彼此领导，因为集体在决策方面的被动低效是有目共睹的。因此，领导力不是房间里的大象，不是很多人意识到但讳莫如深的问题，而是我们离不开的房间本身。换句话说，这就是鲍曼所谓的“不能承受的责任之静默”。这是我们集体和个人都要面对的难题。

术语表

authority　**权限：**法定权力

bad faith　**错信：**让-保罗·萨特的术语，指拒绝负责的决策

bricoleur　**小修补匠：**自己动手的实用主义实验者

calculative compliance　**算计性服从：**埃齐奥尼的术语，表示源于理性行为的服从

charisma（strong）　**（超凡）魅力：**韦伯创造的术语，指有着超自然天赋，注定要拯救我们摆脱危机的个人

charisma（weak）　**（普通）魅力：**后来人们对韦伯的原意加以弱化，用来表示较强的个性

clumsy solutions　**笨拙解决方案：**一种解决问题的方法，其根源在于跨越简洁的文化界限

coercive compliance　**强制性服从：**埃齐奥尼的术语，表示源于暴力的服从

command　**命令：**与危机有关的决策风格

community of fate　**掌握命运的社会：**由共同的命运凝聚在一起的社会

community of practice　**实践社团：**温格原创的学习模式，源于集

体实践而非个体认知

competence **胜任素质**：独立互不联系的技巧或特质

concertive action **协同行动**：整体强于各部分相加的分布式领导

constructive dissent **建设性异议**：追随者提出的一种异议，本意是为了保护集体，阻止领导者做出错误的决策

contingency theory **权变理论**：一种领导力模型，认为应该根据对情境的理解采用某种领导行为

cosmology episode **重大转折事件**：某一情境中的一个使个体的意义建构受到威胁的危急时刻

critical problems **重大问题**：被指挥官定义为危机的问题

destructive consent **破坏性赞同**：追随者的一种赞同，通过默许领导者做出的某个错误决策而威胁到集体的利益

devil effect **魔鬼效应**：关于某一错误的第一印象会（错误地）影响所有后续印象的假说

distancing **疏远**：一种领导者和追随者借以彼此保持物理和/或象征距离的机制

distributed leadership **分布式领导**：一种集体领导方式

egalitarianism **平等主义**：一种根源于人人平等和共同决策的政治和文化模型

elegant solutions **简洁解决方案**：看似与其所产生的文化环境一致的解决方案

empathy **共情**：能够通过他人的眼光看待世界的能力

essentially contested concept **本质上存在争议的概念**：加利原创

的术语，指代一个永远不可能达成共识的概念

fatalism　**宿命论：**一种以认命和默许为主的文化观念

fatalist community　**被动认命的社会：**一个集体放弃了反抗或改变能力的社会

golden bridge　**阙：**孙武发明的术语，指代能够让敌方挽回颜面并避免进一步冲突的方法

Great Man theory　**伟人理论：**卡莱尔发明的模式，用于解释历史是通过极少数非凡之人的行动创造的

grid/group　**网格/群体：**道格拉斯用于建构其文化启发性教育的两个术语

halo effect　**光环效应：**关于正面的第一印象会影响他人的所有方面的假说

hard wiring　**固有：**关于行为是由人的基因决定因而无法改变的假说

heterarchy　**动态分层结构：**一种随着不同的情境改变决策的动态等级结构

hierarchy　**等级制度：**一种组织协调和决策模式，其中随着职位上升，权力和知识的不平等会加剧

hierarchy of needs　**需求层次：**马斯洛发明的模式，表明较低的（生理需求）应优先于较高的（认知）需求

ideal types　**理想型：**韦伯原创的方法论机制，用于通过参照理论上完美（但不存在）的模型来对组织形式加以比较

individualism　**个人主义：**一种文化模式，通过参照个人在经济上

理性的行为以及行为的逻辑规律来解释世界

institutional sclerosis **制度僵化：**奥尔森的主张，即随着时间的流逝，组织会变得越来越僵硬和低效

inverse learning **逆向学习：**关于依靠对追随者的信号做出反应来学习领导的假说

irresponsible followership **不负责任的追随：**一种将一切决策的一切责任都归咎于领导的追随模式

leaderful organizations **多人领导的组织：**关于组织可以由多人领导，而不是仅由一位领导者领导或没有领导者的主张

leadership **领导艺术：**动员某一群体或社会面对其抗解问题的艺术

LMX：领导-成员交换理论

Machiavellian **马基雅维里式：**一种暗指领导者应该为实现公共利益而不择手段的模式

management **管理：**指令适当的过程来解决易解问题的科学

mundane activities **平凡的活动：**关于领导艺术事实上源于相当无聊的日常讨论和社会交流，而非魅力型领导的非凡卓越行为的假说

negative capability **消极感受力：**济慈的主张，认为能够容忍不确定性对于决策过程非常重要

nemo sine vitio est **人孰无过：**"没有人是不犯错的"

New Public Management **新公共管理：**撒切尔/里根/布莱尔的公共治理模式，源于将市场、目标和顾客相结合的做法

normative compliance　**规范性服从：**埃齐奥尼的术语，表示源于追随者自愿追随某一领导者的服从

path-goal theory　**途径-目标理论：**豪斯提出的源于各个变量之间关系的领导力权变模式

permission-giving　**许可：**一种领导模式，认为在没有领导者的正式或非正式许可的情况下，追随者倾向于不去冒险

political nous　**政治知性：**能够了解组织形势的能力

positive deviance　**主动偏离：**组织中的某一群个体偏离规则和规范能够使他们实现其他服从之人无法实现的成就

power　**权力：**迫使某人违背自身意愿做某事的能力

prototypes　**原型：**一种领导模式，认为领导最有可能的人选是那些代表着最极端形式的文化规范之人

responsible followers　**负责任的追随者：**愿意为组织的命运承担责任而不是一味将其归咎于正式的领导者的追随者

reverse dominance hierarchies　**逆向统治等级：**组织将个体集合起来，反抗某个不受欢迎的领导者统治的行为

romance of collaborative leadership　**合作型领导传奇：**关于分布式领导能够解决一切组织问题的假说

romance of leadership　**领导力传奇：**认为组织成败是某个领导者行为的直接结果的假说

scapegoating　**寻找替罪羊：**一种面对危机的集体反应方式，可以使集体保持无辜

scientific management（Taylorism）　**科学管理（泰勒主义）：**泰勒

提出的通过实施科学方法提高工业劳动生产率的模式

social capital　**社会资本**：能够建立有效组织的社会网络的聚集

social identity theory　**社会认同理论**：一种领导力模型，将集体身份用作动员集体开展行动的首要方式

tame problems　**易解问题**：通常可以通过使用标准作业程序加以解决的问题

Theory X　**X理论**：麦格雷戈原创的模式（接近于霍布斯），其中的"人性"表明，人从根本上说都是懒惰的、自私的，需要被强迫才能进行高效率的工作

Theory Y　**Y理论**：麦格雷戈原创的术语（接近于卢梭），其中的"人性"表明，人从根本上说都是负责的、无私的，如果要参与高效率的工作，就必须从被强迫状态中解放出来

THWαMPs：享有特权、高大英俊的白人男性领袖

traits　**特质**：行为规律或个人性格特征

transactional leadership　**交易型领导**：一种看重交换过程的领导力模型

transformational leadership　**变革型领导**：一种试图提升追随者，让他们目光放远，不要紧盯着自身利益的领导力模型

wheelwright leadership　**车匠式领导**：一种领导力模型，认为成功与个体领导者的专业技能无关，而与该领导者动员专家团队的能力有关

white elephant　**白象**：一种认为只有神一样的个人才能够成功的领导力模型

wicked problems　**抗解问题**：要么是新出现的，要么是棘手的问题，没有显而易见的答案，需要共同努力才能解决

zeitgeist　**时代精神**：“时代的精神”

译名对照表

A

Acton, Lord 阿克顿勋爵
African-American 美籍非裔
Agamemnon 阿伽门农
Air-Florida 佛罗里达航空公司
Alexander the Great 亚历山大大帝
American-Indian 美洲印第安人
anarchy 无政府状态
Apollo 13 “阿波罗 13 号”
Arafat, Y. 亚西尔·阿拉法特
Arc, Jean de 圣女贞德
Aristotle 亚里士多德
Athenian 雅典式
Athens 雅典
Aztecs 阿兹特克人

B

Bass, B. 伯纳德·巴斯
Bauman, Z. 齐格蒙·鲍曼
Berlusconi, S. 西尔维奥·贝卢斯科尼
Bevin, E. 厄内斯特·贝文
Blair, T. 托尼·布莱尔
Blake, R. 罗伯特·布莱克
Blanchard, K. 肯尼斯·布兰查德
Borgia, C. 切萨雷·博尔贾
Boudicca 布狄卡
bricoleur 小修补匠
British Army 英国陆军
Brown, G. 戈登·布朗
Bush, G. W. 乔治·沃克·布什

C

Caesar, J. 尤利乌斯·恺撒
Calchasian 卡尔克斯式
California 加利福尼亚
Carlyle, T. 托马斯·卡莱尔
Carlylean 卡莱尔式
Celts 凯尔特人
centralization 集权
Chamberlain 张伯伦
characteristics (of leaders)（领导者的）性格
charisma 魅力
charismatic leadership 魅力型领导
Charles I 查理一世
Churchill, W. 温斯顿·丘吉尔
Clause IV 第四条
Clausewitz, C. von 卡尔·冯·克劳塞维茨
clumsy solutions 笨拙解决方案
coercion 强迫
collaborative leadership 合作型领导

collective intelligence 集体智慧
Collinson, D. 戴维・柯林森
Comanche 科曼奇人
command 命令
community of fate 掌握命运的社会
community of practice 实践社团
competencies 胜任素质
compliance 服从
concertive action 强迫行为
constructive dissent 建设性异议
contingency theory 权变理论
critical problems 重大问题
Cromwell, O. 奥利弗・克伦威尔
Cuban Missile Crisis 古巴导弹危机

D

Dead Ground 死地
decentralization 分权
defining leadership 定义领导力
déjà vu 似曾相识
destiny 宿命
destructive consent 破坏性赞同
devil effect 魔鬼效应
distancing 疏远
distributed leadership 分布式领导
divine right 天赋神权
Douglas, M. 玛丽・道格拉斯
Durkheim, E. 埃米尔・涂尔干

E

egalitarians 平等主义者
egotism 唯我
elegant solutions 简洁解决方案
Eliot, G. 乔治・艾略特
Elizabeth I 伊丽莎白一世
empathy 共情
essentially contested concept（ECC）本质上存在争议的概念
ethics 伦理规范
etymology of leadership 领导力的词源
Evans-Pritchard, E. E. 爱德华・伊凡・伊凡–普理查
evolutionary biology 演化生物学

F

fatalism 宿命论
fatalist community 被动认命的社会
First World War 第一次世界大战
followership 追随
Foucault, M. 米歇尔・福柯
Franklin, B. 本杰明・富兰克林
Frederick the Great 腓特烈大帝
Freeman, J. 乔・弗里曼
Fromm, E. 埃里希・弗洛姆

G

Gallie, D. 沃尔特・布赖斯・加利
Gandhi, M. 圣雄甘地
Gauls 高卢人
General Electric 通用电气
German Army 德军
German Elections, 1933 1933 年德国大选
Girard, R. 勒内・吉拉尔
global warming 全球变暖

Golden Bridge 阙
Gorbachev, M. 米哈伊尔·戈尔巴乔夫
Great Men theory 伟人理论
grid/group 网格/群体
Gronn, P. 彼得·格伦
Gurion, B. 本-古里安

H

Hadza 哈扎
Halifax, Lord 哈利法克斯伯爵
halo effect 光环效应
hard-wiring 固有
Harding, W. 沃伦·哈定
Hawthorne Experiments 霍桑实验
Heifetz, R. 罗纳德·海费茨
Hein, P. 皮亚特·海恩
Hersey, P. 保罗·赫塞
heroic leadership 英雄主义领导力
heterarchy 动态分层结构
hierarchy 等级制度
hierarchists 等级主义者
Hirohito, Emperor 昭和天皇
Hitler, A. 阿道夫·希特勒
Hitler Youth 希特勒青年团
Hobbes, T. 托马斯·霍布斯
Hopkins, G. M. 杰拉尔德·曼利·霍普金斯
House, R. 罗伯特·豪斯
Howell, J. 简·豪威尔
hunter-gatherers 狩猎-采集者
Hussein, King 侯赛因国王
hyenas 鬣狗

I

Ibrahim, M. 穆罕默德·易卜拉欣
ideal types 理想型
individualism 个人主义
inverse learning 逆向学习

J

Jackson, P. 菲尔·杰克逊
Jong-Il, K. 金正日

K

Kautilya 考底利耶
Keats, J. 约翰·济慈
Kennedy, President 肯尼迪总统
Kondratiev Long Waves 康德拉捷夫长波
Khan, Gengis 成吉思汗
Khruschev, N. 尼基塔·赫鲁晓夫
King, Martin L. 马丁·路德·金
Kristeva, J. 茱莉亚·克莉斯蒂娃
Kyoto Agreement《京都议定书》

L

Lawrence, T. E. 托马斯·爱德华·劳伦斯
leaderful 多位领导者的
leader-member-exchange theory（LMX）领导-成员交换理论
leadership development 领导力培养
leadership-in-charge 主管领导
leadership-in-front 带头领导
Lear, King 李尔王
Ley, R. 罗伯特·莱伊

lions 狮子
linguistic binaries 语言学的二元对立
Linsky, M. 马蒂・林斯基
Liu Bang 刘邦
Lord of the Rings 指环王
Louis XVI 路易十六
Lowndes, W. 威廉・朗兹
Luther, M. 马丁・路德

M

McGregor, D. 道格拉斯・麦格雷戈
MacGregor-Burns, J. 詹姆斯・麦格雷戈・伯恩斯
Machiavelli, N. 尼科洛・马基雅维里

management 管理
Marx, K. 卡尔・马克思
Medvedev, D. 德米特里・梅德韦杰夫
Middlemarch《米德尔马契》
Milgram, S. 斯坦利・米尔格拉姆
mission-command 任务指挥
Mohammed 穆罕默德
Mouton, J. S. 简・斯莱格里・莫顿
mundane practices 平凡的实践

N

Napoleon, B. 波拿巴・拿破仑
National Health Service（NHS）国家医疗服务体系
National Illness Service（NIS）国家疾病服务体系
Nazi Party 纳粹党
negative acquiescence 消极默许
negative capability 消极感受力
Nelson, Admiral 海军上将纳尔逊
New Public Management 新公共管理
Newton, I. 艾萨克・牛顿
Nietzsche, F. 弗里德里希・尼采
Nightingale, F. 弗罗伦斯・南丁格尔
Norman, A. 阿奇・诺曼
Norway 挪威
Nuer 努尔人

O

Obama, President 奥巴马总统

P

path-goal theory 途径–目标理论
Patton, General 巴顿将军
permission giving 许可
Peters, T. 托马斯・彼得斯
pharmakos 代罪者
Phillips, T. 特雷弗・菲利普斯
Plato 柏拉图
Popper, K. 卡尔・波普尔
positive deviance 主动偏离
Potter, H. 哈利・波特
power 权力
problems 问题
prototypes 原型
Proust, M. 马塞尔・普鲁斯特

Q

questions 疑点

R

Raelin, J. 约瑟夫 · 雷林
rational-legal authority 理性–合法权限
reframing 重新设计
relationships 关系
reverse dominance hierarchies 逆向统治等级
Robespierre, M. 马克西米连 · 罗伯斯庇尔
Romans 罗马人
Royal Air Force 皇家空军
Rundstedt, Von 冯 · 伦德施泰特

S

sacred 神圣
sacrifice 献祭
sacrilege 亵渎神灵
Sarkozy, N. 尼古拉 · 萨科齐
Sartre, J. P. 让–保罗 · 萨特
scapegoating 寻找替罪羊
Schweitzer, A. 阿尔伯特 · 史怀哲
Scotland, Baroness 斯科特兰女男爵
Second World War 第二次世界大战
Selassie, H. 海尔 · 塞拉西
sense-making 意义建构
separation 分隔
Shakespeare, W. 威廉 · 莎士比亚
silence 静默
Sloan, A. 阿尔弗雷德 · 斯隆
social capital 社会资本
social identity theory 社会认同理论
Socrates 苏格拉底
Soviet Union 苏联
Spartan 斯巴达式
Spartacus 斯巴达克斯
Stalin, J. 约瑟夫 · 斯大林
standard operating procedure（SOP）标准作业程序
Sternin, J. and M. 杰里和莫妮克 · 斯捷尔宁
structurelessness 无结构状态
subjunctivist 虚拟动词语态
Sun Tzu 孙武
sycophants 马屁精

T

Talbot, Captain 塔尔伯特上校
tame problems 易解问题
Tao 道
Taylor, F. W. 弗雷德里克 · 温斯洛 · 泰勒
Tenerife air crash 特内里费空难
TH α WMPS 享有特权、高大英俊的白人男性领袖
Theory X/Y X 理论 /Y 理论
Thorndike, L. 爱德华 · 李 · 桑代克
Three Mile Island 三里岛
THWMS 高大英俊的白人男性
Tolstoy, L. 列夫 · 托尔斯泰
traditional authority 传统权限
traits 特质
transactional leadership 交易型领导
transformational leadership 变革型领导
Tryon, Sir George 乔治 · 特莱恩爵士
Tsunetomo, Y. 山本常朝

U

USA 美国

V

vertical linkage dyad（VLD）垂直对子联结

volition 意志力

vu jàdé 初次邂逅

W

warlords 军阀

Waterman, R. H. 罗伯特·H. 沃特曼

Weber, M. 马克斯·韦伯

Weick, K. 卡尔·韦克

Wellington, Duke 惠灵顿公爵

Wenger, E. 艾蒂安·温格

wheelwright 车匠

Whig history 辉格党式历史

white elephant 白象

wicked problems 抗解问题

Wizard of Oz 奥兹国的巫师

wolves 狼

Z

Zaleznik, A. 亚伯拉罕·扎莱兹尼克

Zimbardo, P. 菲利普·津巴多

参考文献与扩展阅读

Chapter 1

An extended discussion of some the ideas in this chapter can be found in my *Leadership: Limits and Possibilities* (Basingstoke: Palgrave/ Macmillan, 2005).

M. Alvesson and S. Sveningsson, 'Managers Doing Leadership: The Extraordinarization of the Mundane', *Human Relations*, 56(12) (2003): 1435–1459.

J. S. Chhokar, F. C. Brodbeck, and R. J. House (eds.), *Culture and Leadership Across the World: The GLOBE Book of In-Depth Studies of 25 Societies* (London: Psychology Press, 2007).

W. B. Gallie, 'Essentially Contested Concepts', *Proceedings of the Aristotelian Society*, 56 (1955–1956): 167–198.

R. A. Heifetz and M. Linsky, *Leadership on the Line* (Cambridge, MA: Harvard University Press, 2002).

P. Rosenzweig, *The Halo Effect* (London: Simon & Schuster, 2007).

K. E. Weick, *Making Sense of the Organization* (Oxford: Blackwell, 2001).

Chapter 2

An extended version of the ideas in this chapter can be found in my article 'Wicked Problems and Clumsy Solutions', in *Clinical Leader* 1:2.

M. Douglas, *Natural Symbols* (London: Routledge, 2003).

M. Douglas, *Purity and Danger* (London: Routledge, 2008).

A. Etzioni, *Modern Organizations* (London: Prentice Hall, 1964).

A. Jones, *The Innovation Acid Test* (London: Triarchy Press, 2008).
S. Milgram, *Obedience to Authority: An Experimental View*, 2nd edn. (London: Printer and Martin, 2005).
H. Rittell and M. Webber, 'Dilemmas in a General Theory of Planning', *Policy Sciences*, 4 (1973): 155–169.
M. Stein, 'The Critical Period of Disasters: Insights from Sensemaking and Psychoanalytic Theory', *Human Relations*, 57(10) (2004): 1243–1261.
M. Sternin, J. Sternin, D. Marsh, and A. Rapid, 'Sustained Childhood Malnutrition Alleviation Through a "Positive Deviance" Approach in Rural Vietnam: Preliminary Findings', in *Health Nutrition Model: Applications in Haiti, Vietnam and Bangladesh*, ed. O. Wollinka, E. Keeley, B. R. Burkhatler, and N. Bashir (Arlington, VA: Basic Books, 1997).
M. Verweij and M. Thompson (eds.), *Clumsy Solutions for a Complex World: Governance, Politics and Plural Perception* (Basingstoke: Palgrave/Macmillan, 2006).
P. G. Zimbardo, *The Lucifer Effect: How Good People Turn Evil* (London: Rider, 2009).

Chapter 3

An extended version of some of the ideas in this paper can be found in 'Leadership, 1965–2006: Forward to the Past or Back to the Future?', in *Mapping Management Studies*, ed. S. Dopson and M. Earl (Oxford: Oxford University Press, 2007).
L. H. Keeley, *War Before Civilization: The Myth of the Peaceful Savage* (Oxford: Oxford University Press, 1996).
D. McGregor, *The Human Side of Enterprise* (New York: McGraw-Hill, 1960).
A. Maslow, 'A Theory of Human Motivation', *Psychological Review*, 50 (1943): 370–396.
T. Peters and R. H. Waterman, *In Search of Excellence* (London: Harper and Row, 1982).

Chapter 4

C. Boehm, *Hierarchy in the Forest* (Boston: Harvard University Press, 2001).

L. L. Carli and A. H. Eagly, 'Gender and Leadership', in *The Sage Handbook of Leadership*, ed. A. Bryman, D. Collinson, K. Grint, B. Jackson, and M. Uhl Bien (London: Sage, 2011).

T. Carlyle, *On Heroes, Hero Worship and the Heroic in History* (London: Echo Library, 2007).

K. Grint, *Leadership: Limits and Possibilities* (Basingstoke: Palgrave/Macmillan, 2005).

G. Knopp, *Hitler's Children* (London: Sutton, 2002).

D. Lewis, *The Man Who Invented Hitler* (London: Headline Books, 2004).

N. Nicholson, *Managing the Human Animal* (London: Texere Publishing, 2003).

G. Sheffield, *Leadership in the Trenches* (Basingstoke: Macmillan, 2000).

F. De Waal, *Chimpanzee Politics: Power and Sex Among Apes* (Baltimore: Johns Hopkins University Press, 2000).

L. S. Warner and K. Grint, 'American-Indian Ways of Leading and Knowing', *Leadership*, 2(2) (2006): 225–244.

E. Wenger, *Communities of Practice: Learning, Meaning, and Identity* (Cambridge: Cambridge University Press, 1999).

Chapter 5

M. Alvesson and Y. D. Billing, *Understanding Gender and Organizations* (London: Sage, 1997).

B. Anderson, *Imagined Communities* (London: Verso, 1983).

P. Backé, 'The Role of Fashion "Supermodels" in Advertising', unpublished D.Phil, Oxford University, 2000.

M. Gladwell, *Blink* (London: Penguin, 2006).

M. A. Hogg and D. J. Terry, *Social Identity Processes in Organizational Contexts* (London: Psychology Press, 2002).

S. M. Kaplan, M. M. Klebanov, and M. Sorensen, 'Which CEO Characteristics and Abilities Matter?, Swedish Institute for Financial Research, Conference on the Economics of the Private Equity Market; AFA, 2008, New Orleans Meetings Paper. Available at SSRN: <http://ssrn.com/abstract=972446> accessed 6 April 2010.

N. Keohane, 'On Leadership', *Perspectives on Leadership*, 3(4) (2005): 705–722.

I. Pears, 'The Gentleman and the Hero: Wellington and Napoleon in the Nineteenth Century', in *Leadership: Classical, Contemporary and Critical Approaches*, ed. K. Grint (Oxford: Oxford University Press, 1997).

N. Smith, V. Smith, and M. Verner, 'Do Women in Top Management Affect Firm Performance? A Panel Study of 2500 Danish Firms', Institute for the Study of Labour, Bonn, Discussion Paper 1708 (2005).

Chapter 6

B. M. Bass, *Leadership and Performance Beyond Expectations* (New York: Free Press, 1985).

R. R. Blake and J. S. Mouton, *The Managerial Grid* (Houston: Gulf, 1964).

J. Bratton, K. Grint, and D. Nelson, *Organizational Leadership* (Mason, OH: Thomson-South-Western, 2005).

J. MacGregor Burns, *Leadership* (New York: Harper and Row, 1978).

R. Cowsill and K. Grint, 'Leadership, Task and Relationship: Orpheus, Prometheus and Janus', *Human Resource Management Journal*, 18(2) (2008): 188–195.

R. J. House, 'A Path–Goal Theory of Leader Effectiveness', *Administrative Science Quarterly*, 16 (1971): 321–338.

J. M. Howell, 'Two Faces of Charisma: Socialized and Personalized Leadership in Organizations', in *Charismatic Leadership: The Elusive Factor in Organizational Effectiveness*, ed. J. A. Conger and R. N. Kanungo (San Francisco: Jossey-Bass, 1988).

B. Jackson and K. Parry, *A Very Short, Fairly Interesting and Reasonably Cheap Book about Studying Leadership* (London: Sage, 2007).

M. Weber, *Economy and Society* (Berkeley: University of California Press, 1978).

A. Zaleznik, 'Charismatic and Consensus Leaders: A Psychological Comparison', *Bulletin of the Meninger Clinic*, 38 (1974): 22–38.

Chapter 7

K. Grint, *Leadership: Limits and Possibilities* (Basingstoke: Palgrave/Macmillan, 2005).

B. Kellerman, *How Followers Are Creating Change and Changing Leaders* (Boston: Harvard Business School Press, 2008).

R. E. Riggio, I. Chaleff, and J. Lipman-Blumen, *The Art of Followership: How Great Followers Create Great Leaders and Organizations* (San Francisco: Jossey Bass, 2008).

Chapter 8

Some of the ideas in this chapter are covered at greater length in my article 'Leadership and the Sacred', *Organization Studies* (2010): 89–107.

Z. Bauman, *Postmodern Ethics* (Oxford: Blackwell, 1993).

D. D. Chrislip and C. E. Larson, *Collaborative Leadership: How Citizens and Civic Leaders Can Make a Difference* (San Francisco: John Wiley, 1994).

D. Collinson, 'Questions of Distance', *Leadership*, 1(2) (2005): 235–250.

D. Collinson and S. Ackroyd, 'Resistance, Misbehaviour and Dissent', in *The Oxford Handbook of Work and Organization*, ed. S. Ackroyd, P. Thompson, R. Batt, and P. Tolbert (Oxford: Oxford University Press, 2005).

W. Draft, *The Deep Blue Sea* (San Francisco: Jossey Bass, 2001).

E. E. Evans-Pritchard, *The Nuer* (Oxford: Oxford University Press, 1940).

J. K. Fletcher, 'The Paradox of Post-Heroic Leadership: An Essay on Gender, Power and Transformational Change', *Human Relations*, 15(5) (2004): 647–661

M. Foucault, *Discipline and Punish* (Harmondsworth: Penguin, 1991).

J. Freeman, 'The Tyranny of Structurelessness', *Berkeley Journal of Sociology*, 17 (1970): 1972–1973.

P. Froese, *The Plot to Kill God: Findings from the Soviet Experiment in Secularization* (Berkeley: University of California Press, 2008).

E. Fromm, *The Fear of Freedom* (London: Routledge, 2001).

G. Gemmil and J. Oakley, 'Leadership: An Alienating Social Myth?', in *Leadership: Classical, Contemporary and Critical Approaches*, ed. K. Grint (Oxford: Oxford University Press, 1997).

R. Girard, *Violence and the Sacred* (Baltimore: Johns Hopkins University Press, 1972).

P. Gronn, *The New Work of Educational Leaders* (London: Sage, 2003).

N. Harter, F. J. Ziolkowski, and S. Wyatt, 'Leadership and Inequality', *Leadership*, 2(3) (2006): 75–94.

R. A. Heifetz and M. Linsky, *Leadership on the Line* (Cambridge, MA: Harvard University Press, 2002).

J. Kristeva, 'Logics of the Sacred and Revolt', in *After the Revolution: On Kristeva*, ed. J. Lechte and M. Zournasi (Sydney: Artspace, 1998).

N. Machiavelli, *The Prince* (Oxford: Oxford University Press, 1998).

F. Nietzsche, *The Gay Science* (London: Random House, 1991).

A. J. Polan, *Lenin and the End of Politics* (San Diego: University of California Press, 1984).

J. Raelin, *Creating Leaderful Organizations: How to Bring Out Leadership in Everyone* (San Francisco: Berrett-Koehler, 2003).

Sartre, J.-P., *Existentialism and Humanism* (London: Methuen, 1973).

L. S. Warner and K. Grint, 'American-Indian Ways of Leading and Knowing', *Leadership*, 2(2) (2006): 225–244.